寶島搜神

角斯 繪/作

《寶島搜神》

角斯 自序

有神無神心相照
丹青寫意莫芻議
筆書搜奇日映月
人來神往續情誼

保庇籤（上上）

解曰

神明隨著商人、羅漢腳、鄭成功來到臺灣，經過數百年的發展，並落地生根，逐漸擁有自己的語彙，創造許多在地的精彩故事。讓我們從這本書的故事開始，觀看我如何畫神明，如何書寫神名，帶您品字讀畫，逗看書中的臺灣神明。

好搜神出

門神
秦叔寶 6
尉遲恭 7

一月
彌勒佛 8
清水祖師 11
玉皇大帝 14
關聖帝君 17

二月
濟公 20
文昌帝君 22
九天玄女 24
開漳聖王 27
觀世音菩薩 30
三山國王 32

三月
玄天上帝 34
池頭夫人 36
保生大帝 38
武財神趙公明 40
慚愧祖師 42
太陽星君 44
註生娘娘 46
媽祖 48

四月
釋迦牟尼佛 50
呂洞賓 52
廖添丁 54
神農大帝 56

五月
魯班公 58
城隍爺 60

動物神獸崇拜
豬八戒（天蓬元帥） 63
貓妖廟 66
貓精窟殿 68
龍王（四海龍王） 69
雷公（雷師） 70
牛將軍 71
犬公（忠義十九公） 72
虎爺（下壇將軍） 73

六月

田都元帥 76
彭祖 78
火德星君 80

七月

八寶公主 83
西王母 86
太歲星君 89
法主公 92
地藏王菩薩 94

八月

月下老人 96
土地公 98
廣澤尊王 100
囝仔公 102

九月

哪吒三太子 104

十月

達摩祖師 106
青山王 109

器物崇拜

灶神（灶君） 112
燈鉤神（燈猴） 114
爐公 115
籃仔姑 116
掃帚神 117
子孫桶 118
鐵嘴將軍 119

感天大帝 120

十一月

溫王爺 122
紅旗公 125

十二月

氤氳使者 128

後記 131

門神

秦叔寶

◎在《山海經》（大荒北經）中提到度朔山有一碩大的桃樹，樹上住著兩位神人，統御監視諸鬼行動，如有爲非作歹之惡鬼，執葦繩將之捆綁，扔給老虎裹腹。這二人是最早的門神——神荼、鬱壘。而臺灣最常見的門神秦叔寶、尉遲恭會成爲門神，與唐太宗有關。相傳唐代，龍王因延誤降雨導致旱象叢生，玉帝震怒，命◀

門神

尉遲恭

唐太宗宰相魏徵斬首龍王，毫不留情。龍王因此求助於唐太宗……，不料魏徵在睡夢中元神出竅，執行了斬首任務。龍王死後，怨恨唐太宗沒及時搭救，夜夜入夢索命，令其難眠。當時的武將秦叔寶、尉遲恭自告奮勇，爲唐太宗守護大門，龍王冤魂自此不再出現。之後唐太宗命人畫上兩將畫像，貼於門上，變成了門神。

一月

彌勒佛

神明別名

布袋和尚、未來佛

神明日子

生日－農曆一月一日
得道－農曆三月三日

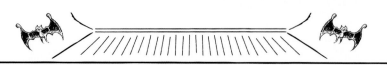

三世輪迴未來佛
肩背布袋縮鼻肚
時時示人人不識
大笑開懷忘僧佛

彌勒佛是大胖子？

彌勒佛又稱作「彌勒菩薩」、「笑面佛」，自佛教從印度傳入中國後，可說是形象巨變的神明。

我們先來認識彌勒佛。相傳釋迦牟尼跟弟子們講經，提到了過去、現在、未來的「三世佛」，並指出彌勒將在數十億年後來到人世，佛界說法意指彌勒會在「婆娑世界」成佛，成爲接替釋迦牟尼的「未來佛」，而這一天一直還未到來，凡人們可放大了感官，四處找尋著彌勒的蹤跡。

在五代後梁時期，市街出現了一位名爲「契此」的和尚，在他死去之前留下了一句頗令人聯想的話語：「彌勒眞彌勒，分身千百億，時時示時人，時人自不識。」此一偈文讓信奉彌勒佛的百姓、僧人認定契此和尚就是彌勒佛轉世。在地方野史《宋高僧傳》就有記載彌勒的樣子，描述他「形裁腲脮，蹙頞皤腹」：身形矮胖，皺著鼻梁，有著大肚腩。因爲他在市街現身時，總是笑口常開，隨遇而安，肩背布袋從不離身，又稱作「布袋和尚」。之後彌勒佛的樣貌以此原型發展，現今廟宇皆是這番體態模樣。

然而在佛教東傳入中國之前，早期的彌勒形象並非如此。佛教的起源地是印度，有不少修行的菩薩出身於印度的貴族，當時貴族的相貌如何呢？相傳古印度人出生時，得受公審，如果長相太醜，得判死刑，亦不能承接皇位。古印度貴族重視外貌裝束，所雕立之佛像亦然，有不成比例的婀娜美腰，身材纖細容貌俊秀，古印度時期的彌勒佛便是如此。後來，西元前三三四年，亞歷山大東征，將希臘文化帶入中亞、印北，使得古印度佛變臉，佛像面容掛上希臘式臉龐、高挺的山根、波浪捲髮、披衣、穿著涼鞋，體態更爲秀美！

相形之下，臺灣的彌勒佛，從中國傳入至今，或多或少也注入了幾分臺式風格。

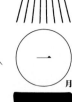

彌勒佛

三世輪迴未來佛
肩背布袋縮鼻肚
時時示人人不識
大笑開懷忘僧佛

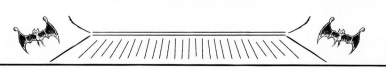

臺灣大佛現象

臺灣是全世界大佛神像密度最高的國家，自一九七六至一九九七年之間，完成了二十七座大佛神像。爲何會形成蓋大佛的風氣？主要原因有二：

一、地方政府爲了帶動觀光，找尋發大財契機。蓋大佛，能號召廣大信眾前來，人進得來，錢就進得來。爲了提振經濟，發展觀光，在一九六一年，彰化縣長陳錫卿以政府之力帶頭興建八卦山大佛，而後臺灣各地開始仿效，形成一波又一波蓋大佛的風潮。

二、政府帶頭做博弈，全民瘋大家樂。當時的政府爲了紓解財政困難，發行愛國獎券，卻也造成一波投機風潮。在一九八五年，「大家樂」利用愛國獎券末兩碼兌獎，依附政府獎券的背書，地下賭盤興盛，不少人爲求明牌，還包車入廟求神問卜，因應需求，廟宇中各式神像林立，大佛也因應而生。在風潮退去後，產生了大量的遺棄神像，現今還無主可歸。

本無神像崇拜的佛教在臺灣跟著蓋起大佛，在彰化八卦山如來大佛之後，在新竹縣峨眉湖畔又興建起七十二公尺高的青銅彌勒大佛，一佛比一山高，大佛開不了口，信眾欲爭相獻佛，究竟大佛林立的啓示爲何？

俗諺語

大肚能容容天下難容之事
慈顏常笑笑天下可笑之人

◎彌勒佛帶著悲懷，傾聽包容人的喜、怒、哀、樂，以及世人所不能容忍之事。

關鍵字

救世主

◎每到了臺灣大選之時，候選人會借用宗教之名來號召鄉民、媒體的目光，博取認同。歷史上，不乏此輩人物，只不過在亂世之時，更容易蠱惑人心，使國家動盪。「彌勒下生成佛之說」可讓有野心的人見縫插針，變調成「彌勒救世」來樹立黨門、教派。如北魏僧人法慶、隋朝宋子賢、北宋王則、白蓮教等等，不一而足，都借佛亂世。

一月

清水祖師

神明別名

落鼻師、黑面祖師

神明日子

生日－農曆一月六日
得道－農曆五月六日

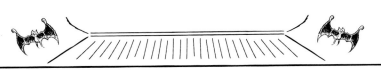

西仔反
清水祖師言
戰必勝
落鼻聖靈顯
信衆爭
艋舺淡水分

清水祖師的傳說起源

清水祖師以落鼻聞名，其伏妖、醫病、預測天災等保民安康之事蹟爲信徒們津津樂道。

清水祖師是北宋時代福建泉州安溪人，是閩南的鄉土神之一，簡稱「祖師公」。相傳清水祖師圓寂後，以求雨驅蟲聞名，被視爲安溪茶葉的守護神。

清水祖師信仰在南宋時期鼎盛，相傳祂曾醫治好宋太后的乳疾，當時祖師公婉拒了朝廷賞賜的金帛，改以沉香木替代。相傳有六尊祖師公神像是以此沉香木作爲材料，由信徒請人雕刻神像，有三尊不在中國，其一在淡水，剩餘的三尊已散失於文化大革命。

鈴木清一郎的《臺灣舊慣習俗信仰》中有記載：「關於清水祖師，原來是供在淡水一位姓翁的家裡，可以說是私人所供奉的神。」據總督府調查課資料，於一九一五年「祖師公宮」的調查記載，這位翁先生是偶然遇到一名籌措旅費的安溪僧侶，因憐憫其遭遇，協助他募款，所得款項全數贈與該名僧侶。此僧人感念在心，便將隨身的清水祖師神像讓渡給翁先生。

神助攻

一八八四年至一八八五年，在中法戰爭期間，法國艦隊爲取得煤礦做後備補給，覬覦北臺灣豐厚的煤礦資源。法軍與清軍交鋒，占領基隆之後，在同年十月揮軍滬尾。相傳當時滬尾的清領將官孫開華曾向清水祖師祈禱戰事順利，可能是祖師爺聽到了，讓孫開華想到了對付法軍的辦法：以沉船截江塞港，並布置水雷，消耗法國軍力。結果在沙崙海水浴場沿岸，擊退登陸的法軍，成為清末極少勝利的戰役之一，此戰役又稱作「滬尾之役」，與「澎湖戰役」、「基隆戰役」合稱「西反仔」事件。

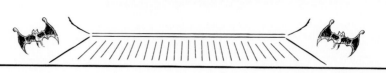

為了感謝清水祖師助戰，大勝法軍，光緒皇帝賜「功資拯濟」匾額以褒揚功績；不過，當時的清水祖師供奉於淡水翁姓民宅之中，無法收受清朝皇帝贈與的匾額，於是信眾將神像與匾額移駕到艋舺的祖師廟。數年後，淡水信徒想迎回清水祖師神像，卻造成艋舺信徒不滿，兩方爭吵不斷，還為此打上官司，最後由兩方協議，輪流奉祀。

地震前　落鼻了

臺灣東北沿岸曾經發生強烈地震，還引發海水倒灌，基隆、金包里、淡水遭到嚴重破壞。根據《淡水廳志．祥異考》的記載，「同治六年冬十一月，地大震。……廿三日，雞籠頭、金包裏沿海，山傾地裂，海水暴漲，屋宇傾壞，溺數百人。」地震發生的同一天，清水祖師為驅除瘟疫遶境至石門鄉，在港口時鼻子突然落下，消息一下子在小鎮傳開，民眾紛紛走出房舍，想一睹清水祖師落鼻奇觀，此時忽然發生地震，許多人因此逃過一劫。該事件還被刻在淡水清水祖師廟口石碑上，內容為：

「聞記丁卯年仲冬廿三日石門迎祖師繞境，至港口落鼻，庄民咸以為奇，時地震店屋倒壞人事安全。」

祖師公如果落鼻了，鼻子的落點也是令人稱奇！傳說會吸附於石頭上、樹幹上或是電線杆上，很少會直接掉落在地上。然而鼻子掉落後該怎麼黏回去呢？據說要以沉香粉來處理，不使用一般的香灰。

俗諺語

摸獅頭能出頭　摸獅尾剩傢伙　摸獅耳吃百二

◎三峽長福巖祖師廟正殿前有四隻銅獅，信眾相信摸獅能帶來好運。

關鍵字

賽神豬

◎每年元月六日，在清水祖師生日的這一天，三峽長福巖祖師廟前會舉辦「賽神豬」的祭祀活動，筆者曾以為此活動是專祀清水祖師，這是誤解了。有一回，因參與地方創生，有機會與導覽員共處，聊及此事，導覽員明正此說，活動是為了祭祀過去在此拓墾、械鬥而死的無主孤魂，殺豬祭拜山神，以求地方安寧。因此，此一習俗與清水祖師並無關聯，因祭祀時間靠近清水祖師誕辰日，後人才將此習俗與長福巖祖師廟活動合併舉辦。

蓬萊老祖
落鼻大師
西仔反 清々水々祖師爺
戰必勝 落鼻聖靈顯
信眾爭 艋舺淡水々命

一月

玉皇大帝

神明別名

天公、天公祖

神明日子

生日－農曆一月九日

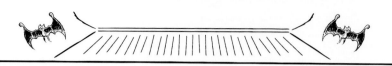

潑猴鬧　瘋狗哮
術法高　苦命勞
老君命　三清管
玉帝哀　母湯喔

天公生

臺灣人俗話說：「人在做，天在看」，如此無形的敬畏之心普遍存在於臺灣人的心裡。臺灣人所說的天，閩南話稱作「天公」，意指掌管天界眾神的玉皇大帝。每一年農曆正月初九，這一天稱作「天公生」，也是俗稱的「拜天公」的日子。根據清代《彰化縣志》的記載：「初九日，傳爲玉皇誕辰，家家慶祝，邑內嶽帝廟，俗訛爲玉皇廟，前後數日，燈綵輝煌，演劇歡慶，城內外仕女，結隊來觀，每宵達旦。」文中可見當時熱鬧景象。

玉皇大帝本無具體的形象，亦無金身可崇拜。信眾如在家祭祀，會使用寫著「玉皇大帝」、「上蒼」的牌位祭拜，並放置燈座（俗稱天公座）來做祭天的儀式。信眾們也會走到鄰近的廟宇參加「拜天公」的活動。在臺南天壇天公廟還保有祭天立神牌不立神像的傳統。

除了在「天公生」這一天拜天公，臺灣男性在迎娶新娘時，也會有祭天答謝的儀式。新人在迎娶前三天要先齋戒，婚禮前一天拜床母，並於迎娶日凌晨做謝天儀式。如此謝天的儀式在各地還是有些微的差異：有的家庭會殺豬公，請道士前來幫忙做祭儀；有的會請戲班或傀儡師做戲。

玉帝真難為

玉皇大帝在道教是眾神之主，如以公司作爲比喻，真正的大老闆是「三清道主」，其身旁的輔佐者是「五老天尊」，玉皇大帝是「四御天帝」之首，掌管天界凌霄殿、賞罰民間善惡，這總裁的職務擔得可不輕鬆。與玉皇大帝同一輩分的西王母並非玉帝的太太，她掌管著天界的眾仙女，神話中的原型爲虎豹半獸人，每年會辦一次蟠桃盛會，請眾神享宴，大啖蟠桃。要是得罪西王母，連玉帝也沒得享有仙壽。

玉皇大帝

潑猴鬧
瘋狗哮
術法高
苦命勞

老君命
三清管
玉帝哀
母湯喔

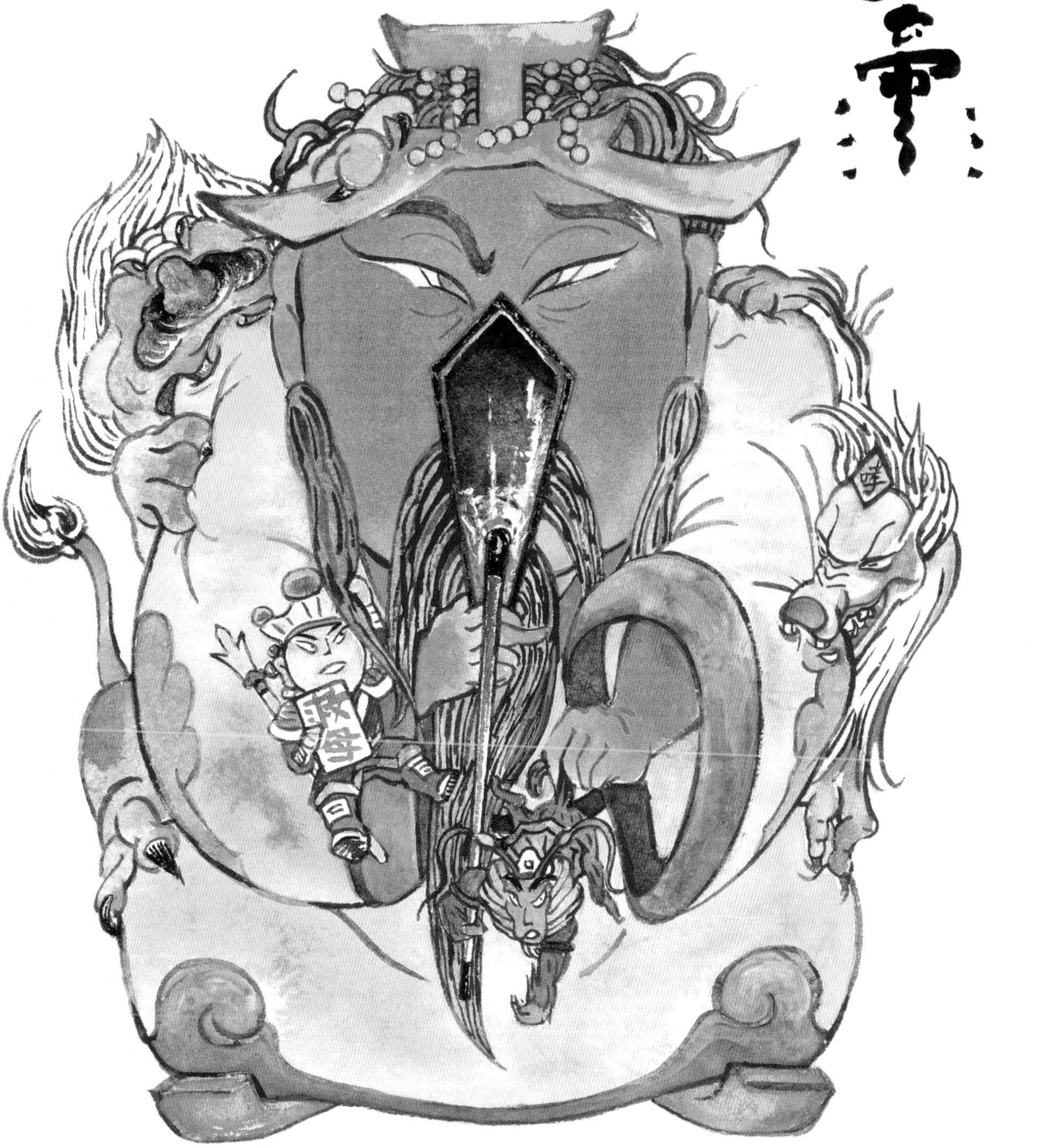

玉帝除了聽解民間疾苦，還得不時解決自家事，像是孫悟空大鬧天宮；還有玉帝的外甥二郎神楊戩爲救母，衝上凌霄殿請玉帝赦罪，帶著瘋狗哮天犬直入天宮；而後有天蓬元帥、沉香，一個比一個厲害……，更扯的是錯失蟠桃宴的青獅精也鬧打天宮，豪吞十萬天兵。連身邊的近衛神北極四聖卻不歸自己管，只聽命於紫微大帝，你說玉帝是不是難爲？

玉皇大帝的繼任者

玉皇大帝掌管天庭，是道教至高主宰，但其眞實的身分可衆說紛紜，不停的被重新定義。佛教傳入中國時，爲了招攬信衆，將道教諸神納入其信仰體系，玉皇大帝被轉化爲佛教的護法神「帝釋天」，主宰小千世界，並非佛教至高主宰者。北宋一本講述道教體系《雲笈七籤》之中，定義了玉皇大帝是一個職務，有不同的繼任者。

在清朝末年，道光庚子年，政局動盪不安，當時民間興起一波「鸞堂運動」，在各地紛紛設立乩壇，藉乩傳達天意救世，有關降筆扶鸞的「善書」也流傳到了臺灣。民國初年在臺灣流傳的一本勸世警示善書《洞冥寶記》記載了關公在天界就職玉皇上帝的訊息，而各地鸞堂也跟著扶鸞出「關公當玉帝」的經書。二〇一九年，中華鄭成功文化協會指出，新任的玉皇大帝人選早在二〇〇五年就已經出爐，是經由五教教主的再三舉薦及衆神聖的選拔後，由延平王鄭成功承繼第十九任中天玉皇大天尊。

俗諺語

一個某卡贏三個天公祖

◎十八世紀初，有許多「羅漢腳」自中國跨海來到臺灣，這群非農非商、無宅邸、妻室且過得困苦的男性，隻身跨海來臺，要成家立業是相當困難的。而當時清廷實施渡海三禁，明述不得攜眷來臺。據資料顯示，一七二一年自對岸移民嘉義大埔的男性約二百五十七人，其中僅一位女性。這群羅漢腳來臺謀生已困難重重，想討個老婆比登天還難，此諺語正反映當時社會男性娶妻心切的渴望。

關鍵字

向天公借膽

◎宜蘭天公廟「慶雲宮」有兩百年歷史，主祀玉皇大帝，位處草嶺古道旁。行經於此的旅人、商人們會撿拾古道上的石頭，拿到慶雲宮前過香爐，作爲神明庇佑安全的信物。而信衆會跟神明祈念，賜予文官、武將；而後逐漸演變成了「借天公膽」的習俗。借「文膽」用以長智慧；借「武膽」讓商場事業有所突破。

一月

關聖帝君

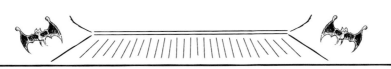

鼓聲下　三獻禮　佾舞起
春季裡　信徒叩　取龜肉
應驗加倍償　謝關公

關羽的神化傳奇

關羽的身世不詳，相傳父母經營鐵鋪，某日惡霸前來收取保護費，關羽一怒之下打死惡人，為躲避官兵追捕，亡命天涯……在途中遇上了劉備與張飛，成為東漢蜀國將領。孫權襲取荊州困死關羽，百姓擔心關羽化作厲鬼，供奉祈求平安。受到《三國志通俗演義》影響，讓關羽忠義兩全的形象深植人心，而後佛教、道教借其形象收攬信眾，佛教稱關羽為「伽藍菩薩」；道教稱「三界伏魔大帝」；儒教稱「山西夫子」；在臺灣多尊稱「關聖帝君」、「關公」。關羽對理財也很有一套，發明了「原、收、出、存」簿記法，可謂文武雙全，因此商人為求商運順遂、財運亨通，亦把關羽作為武財神奉祀。

神明別名

關公、關老爺、聖帝公

神明日子

得道－農曆一月十三日
生日－農曆六月二十四日

關公鬍子會變長

桃園明倫三聖宮裡有一尊關公神像，鬍子在十三年內長了七公分，眾議紛紛。有神像木刻師傅指出：早年神像的鬍鬚會以真人的頭髮製作，可能是木頭與空氣中的濕度讓鬍鬚增長。如果就科學觀點來檢視，毛髮會隨濕度變化產生吸濕膨脹的現象，相對濕度從零到一〇〇％，毛髮長度最大可以增加到百分之二十五左右。報導中，神像鬍鬚能長到七公分，實在是相當不可思議！諸如神像眨眼、流淚事件都是神明顯靈時常聽聞的事蹟，而生髮事件如同枯木生花，令人百思不解。

關聖帝君是幫人戒菸的高手

在雲林四湖鄉，為了推廣無菸社區，衛生所曾有一年請了關聖帝君來做「拒菸大使」，希望讓老菸槍們能聽神明的話，將菸癮戒除。據說成效相當不錯，有不少資深癮君子都向鄉公所尋求戒菸方法。不由得好奇是誰請關聖帝君出馬？這位鄉民是不是也知道關聖帝君曾有一段為癮君子們戒毒的故事，才出此妙策？

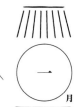

臺灣人愛吞雲吐霧，在過去曾著迷的是抽鴉片。於康熙年間，《臺海使槎錄》中有描繪臺灣居民吸食鴉片情景：「吸一、二次後，便刻不能離。暖氣直注丹田，可竟夜不眠。土人服此爲導淫具；肢體萎縮，臟腑潰出，不殺身不止。官弁每爲嚴禁。常有身被逮繫，猶求緩須臾，再吸一筩者。」而後清官藍鼎元因朱一貴事件來臺，也提及臺灣人民吸食鴉片事態嚴重，必須禁絕，導正此等惡習。

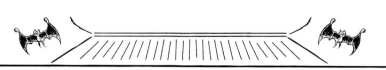

清朝打敗仗，簽了《天津條約》，讓臺灣在一八五八年開港，臺灣成了鴉片的極樂天堂，鴉片成爲最大宗的進口貨品，好幾年占了臺灣進口額一半以上。當時的海關報告中指出，從淡水進口的鴉片銷往北部與西部，鄉鎮地區的吸食人口高達七十百分比；臺灣人還將自己生產的茶、糖、樟腦拿來換取鴉片，讓英國傳教士甘爲霖大爲吃驚：「臺灣人不是沒錢改善生活，而是錢跟物資都拿去換鴉片了！」

這吸鴉片煙的全民運動可嚇傻了日本人。爲了戒除臺灣人的鴉片癮，日本官方頒布禁煙公約，原本是相當嚴格，希望能嚇阻在臺日本人不要吸食，而後發現關稅利潤高，採取鴉片專賣政策，提高鴉片價格。但此舉使得民怨四起，社會上瀰漫一股反日情結。

一八九七年，竹東（早年稱作「樹杞林」）人彭樹茲在廣東一鸞堂內扶鸞祈禱戒煙成功，回臺後將此事告知當地的士紳彭殿華，而後請廣東的鸞生來臺灣開立戒煙班，傳授扶鸞戒煙之法。而彭殿華本身也有鴉片煙癮，與同期的數十人均戒鴉片成功，鸞堂戒煙之法逐漸傳播開來，「扶鸞戒煙」運動風行臺灣西部、中部；由「協天聖帝」主導戒煙，協天聖帝即是關公、關聖帝君。

一九〇〇年，《臺灣日日新報》提及，新竹有一乩堂降一神靈靈驗，深感新竹人有鴉片癮，時常以降乩方式幫人脫離鴉片煙癮。而竹東之地，已近千餘人斷吸食除鴉片惡習。所以說，戒煙是關聖帝君另一令人印象深刻之標記。

俗諺語

人交陪的攏是關公劉備
阮交陪的攏是林投竹刺

◎嘲諷自己交到壞朋友。

關鍵字

大溪大拜拜

◎桃園大溪的普濟堂主祀三聖恩主（關聖帝君、孚佑仙祖、九天司命眞君），自一九一四年開始舉辦遶境活動，此一活動又稱作「大溪大拜拜」。大溪曾盛產樟腦，是該地疏運貨物的重要水路，在溪水淤積後，樟腦業便逐漸沒落。大溪人爲了生存，結隊前往九份採礦，在聖帝公的指示下，挖到了金礦，使不少大溪人致富。爲了感謝聖帝公，採礦隊的成員們集資訂做神轎，組成同人社遶境感謝神恩，發展出特有的「社頭」文化。每年有三十組上下的社頭參與遶境，加上樂團表演、實境脫逃、市集活動，非常的熱鬧。

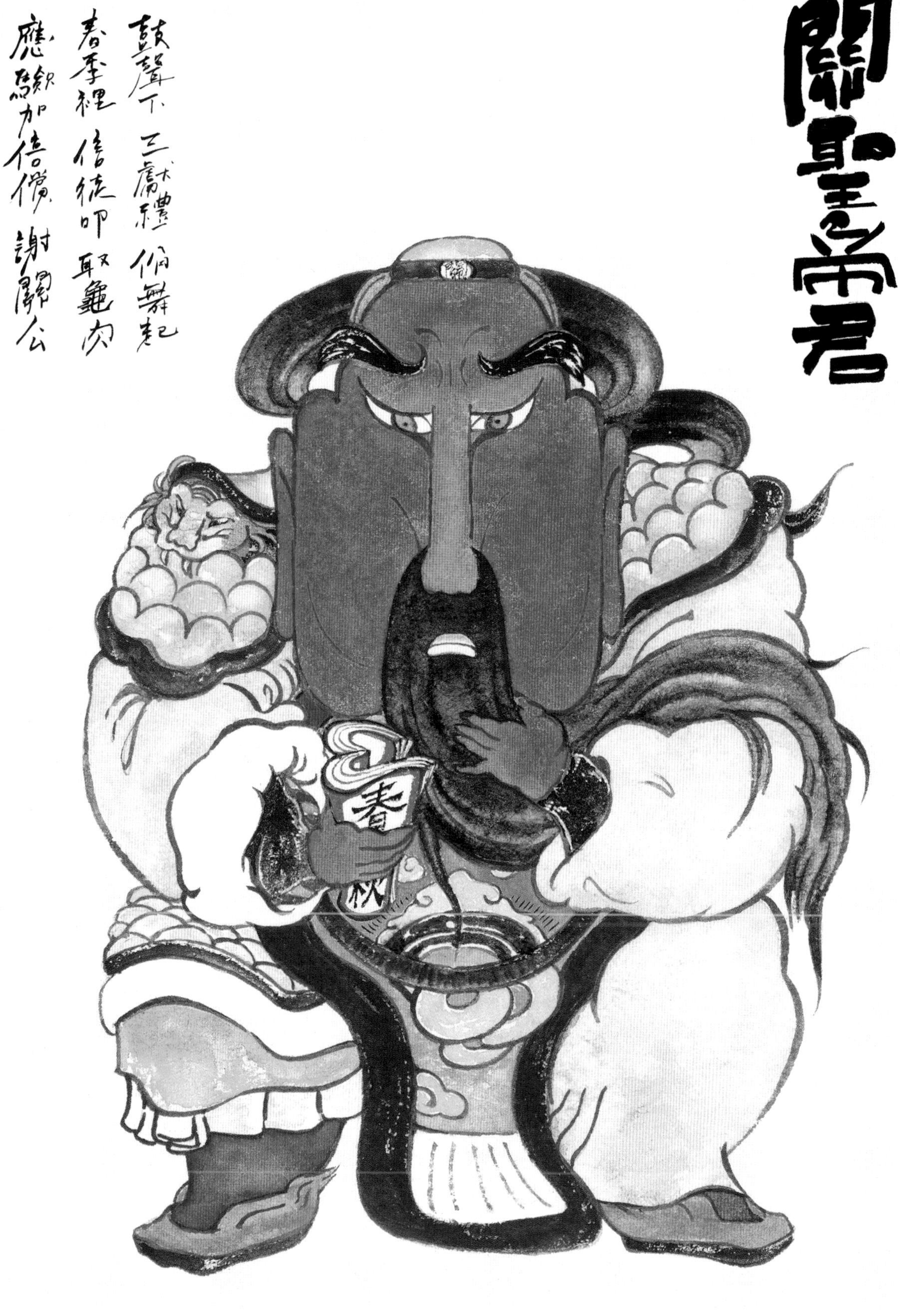
關聖帝君
鼓聲下 三獻禮 佾舞起
春季裡 信徒叩 取龜肉
應驗加倍償 謝關公

二月

濟公

神明別名

道濟和尚、濟顛

神明日子

生日－農曆二月二日
圓寂－農曆五月十六日

行腳半片天——解道變詩歌
落魄四十年——傳世濟顛學

濟公提字寫詩

濟公是南宋淨慈寺僧人，本名李修緣，法號道濟。由於他酒肉不離身，不守戒律瘋癲教化世人的形象廣爲流傳，根據居簡禪師的《隱湖方圓叟舍利銘》中所銘：濟公爲人性格是「狂而疎，介而潔」，描繪濟公態度狂妄，行爲懶散，對錢財無慾。由於他不遵守禪宗分流的楊岐派道法，加上悖法的特異行徑，不被同儕諒解，因而遊走紅塵，以自己的方式佈道。濟公「行腳半片天，落魄四十年」，在塵世遊走四十年，行僧佈道有了心得，如果不將艱澀難懂的佛法轉化，怎能佈道傳述理念？於是濟公將經書（佛經）通俗化，以「詩」說經解道（俗講變文），此一作法應該是頗有開創性的思維，也因爲濟公的努力，培養了許多「詩僧」，成爲寺廟中一門重要的職務。

濟公與鸞堂

臺灣的濟公信仰時間並不算長，第一間主祀濟公的廟宇——靈源寺創立於民國四十一年，其他的濟公廟多設立於民國五十、六十年代，恰巧是臺灣經濟轉型的年代。濟公信仰會得到臺灣民眾的崇拜，跟一貫道、鸞堂在臺灣的發展有關聯。兩宗教均用「扶鸞」儀式進行神人溝通，儀式是由人卜問，過程會透過神職人員（一貫道稱三才，鸞堂稱鸞生）用筆書寫神諭，內容以古典的五言、七言詩詞爲主。濟公信仰能竄起與其親和的庶民形象有關，在民國六十至七十四年間，濟公遊記類的鸞書高達十三本之多，加上大家樂博弈活動興盛時，爲求明牌，濟公成了首選，是民眾指名服務的「大牌」神明。

關鍵字

百衲衣

◎濟公身著的袍服身上會有明顯的補衣痕，是以陳舊的碎布塊拼接密縫而成，其實是佛僧修行愛物惜物的表現，又稱作「百衲衣」。我們在不少戲劇、電影中會聽到僧侶、出家人自稱老衲、衲僧，乃是出自於此。而濟公身著的袍服會有鮮明色彩的補丁布片，據臺灣的媒體報導，濟公袍服的補丁數越多，代表須承受民間的苦難越多。

濟公
行腳半片天
落魄四十年
解道變詩歌
傳世濟顛學

二月

文昌帝君

神明別名

文昌君、梓潼帝君

神明日子

生日－農曆二月三日

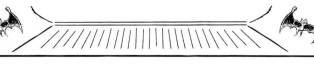

祿馬樂隨跑 學識福澤步步升

文昌君與祿馬

「文昌」是星官名稱，是古代的星辰信仰，而後與「梓潼帝君」融合，有多種傳說，在北宋時，梓潼神轉化爲保佑學子考試順利的人格神祇。在臺灣，文昌帝君面容儒雅，隨著社會的發展，成爲學子應試前祈求福澤、文運亨通的神祇。相傳文昌帝君本是一名武將，騎著一匹似馬而非馬的神獸，這匹神獸指的是白騾，是馬和驢交配產下的後代，後人稱這匹白騾爲祿馬。有句俚語這麼說：「祿馬得得跑，官位步步升。」意指祿馬馳走的蹄響會帶來福祿，信眾也相信摸摸祿馬的頭能帶來福運。在艋舺龍山寺、新莊文昌祠兩地，可以找到祂的身影，有興趣的人可以去探查看看。

惜字的風俗

對極度依賴數位設備溝通的我們來說，這是挺不可思議的一段歷史：臺灣人曾經非常珍惜寫有文字的紙張，只要看見路上被棄置的紙張，會將它拾起並蒐集起來，等累積一定數量後，放入敬字亭（又稱惜字亭）燒化。清朝時期，清官謝金鑾、鄭兼才在《續修臺灣縣志》提到，臺灣府城的惜字之風是受到文昌帝君相關善書傳遞的敬惜字紙觀念的影響，讓惜字風氣蔓延到全臺各地。

在伊能嘉矩的《臺灣文化志》曾記錄：「……凡衙署、學校、城池、街庄所在，無不設敬字亭，所有大小廢棄字紙收集爐亭之內，予以焚化。」全臺的敬字亭所剩不多了，目前臺灣的敬字亭多半是奉祀倉頡眞人，期望政府能做好保存。

關鍵字

偶遇熟題

◎親友要替考生餞行，會準備蓮藕、玉蜀黍、豬蹄等三種東西，合其諧音「偶遇熟題」，以祝應試者、考生成功。

文昌帝君

二月

九天玄女

神明別名

九天娘娘、連理媽

神明日子

生日－農曆二月十五日

羽民國　圖騰拜
天女魃　制風雨
玄牝合　萬物生
似息壤　玄女神

玄女變變變

在臺灣崇拜的神明中，神話與傳說的描繪裡，有幾位相貌、身形與異獸融合，可說是怪異詭觀，超脫出歐系魔獸系、英雄系的半獸人。如地母神「女媧」人首蛇身；西王母在神格化之前，是面掛虎齒，身束豹尾，擁有長生之術的巫女。而九天玄女則是我認定反差最大的神明，從人首鳥身到天女魃，說法多元，挑戰著大家的想像力。有關九天玄女的形象起源，有三種說法：

一、玄鳥說：九天玄女的「玄女」二字最早見於漢代的《龍魚河圖》，其中寫到：「……天遣玄女下，黃帝兵信神符，制伏蚩尤。」是記錄黃帝征戰的傳說之書。而在隋朝之前，有一本《黃帝問玄女兵法》，裡頭提到了黃帝與蚩尤九戰九不勝，黃帝有意尋求克敵之方，於太平山中尋一仙人。在三日三夜後，有一「人首鳥形」之婦人現身，黃帝當場跪地而拜，不敢起身。婦人曰：「吾玄女也，子欲何問？」而後，此一神人傳授戰法，助黃帝打敗蚩尤。玄鳥之說來自玄女人首鳥形的推測，是九天玄女形象的起源之一。

二、女魃說：另外也有九天玄女爲天女魃的傳說。在《山海經．大荒北經》中寫到，蚩尤手下有風伯、雨師兩名大將，能操控風雨，讓黃帝無法與之抗衡……於是黃帝自天請來一位身著青衣的天女魃幫忙，制伏了風伯、雨師，黃帝才能戰勝蚩尤。另據資料所述，女魃爲天女，與玄女一樣，同爲女神；而天女魃所穿之服飾爲「青衣」，「青」相近於黑色，「玄女」之「玄」是偏紅的黑色，在顏色上有其相似之處。因此，有天女魃爲玄女的講法。

三、天神說：女性生殖崇拜的「天神說」，所謂的「玄」字，可以解釋爲幽遠之意，對應到女性的生殖能力，有著生生不息之意。老子曾說：「穀神不死，是謂玄牝。玄牝之門，是謂天地根。」九天玄女如天地之母，代表女性的天神。

九天玄女
明民間曾騰拜
天女魃制風雨
玄化含萬物生
似思懷玄女神

無論是玄鳥、天女魃或者天神說，九天玄女的形象不斷演變，從戰神、房中術神、丹藥神、製香業神、送子之神等……因與女媧混談而有紡織之神之說，成爲多職能的女神仙。而九天玄女因擁奇門遁甲兵書，成爲道教中占有重要地位的女神。

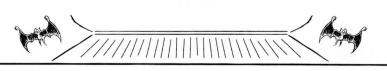

拜拜的香能治病

相傳九天玄女在還未成仙之前，在凡間是一位孝女，爲了醫治父親的疾病，將中藥材磨成粉末，以糯米粉和水調和，碾成條狀，曬乾形成「香條」。每次燒燃香條，中藥就飄散出來，讓無法吞嚥的父親能用鼻子吸入中藥，後來父親的病痊癒了，九天玄女有了「香媽」的稱號。

香的主要原料爲竹子、黏仔以及中藥粉。黏仔是香楠皮磨製，各家香鋪製香差異在中藥粉的成分與比例。由此可見，香條最早的功能是用來治病，並非拿來敬拜神佛；這也說明傳統的香條製法是天然的、無毒的。但天然香條成本高，難敵低價的化學香條。隨著社會發展，現今的環保意識高漲，部分廟宇不再使用香條，改用電子式的蠟燭或香，傳統的習俗似乎得不停的回應變化中的社會。

神知識

玄鳥究竟是何種鳥？

◎《詩經》有一首詩名爲「玄鳥」，其中寫到：「天命玄鳥，降而生商。」說到商朝先祖——契，是上天派遣的鳥所生，是商朝開國的神話。黑而有赤色者爲「玄」，人們普遍認爲「玄鳥」即燕子的古稱，在神話之中，亦有人說玄鳥是朱雀、亦有說是鳳凰。「玄」字有「幽遠」、「生生不息」之意，「玄鳥」也帶著卵生信仰、生殖崇拜的意象。

關鍵字

人首鳥形

◎在古籍《山海經‧海外南經》中有記載一傳說之地，名爲「羽民國」，該國國民全身長滿羽毛，長面，有鳥嘴、背有羽翼，能飛卻飛不遠。而《山海經‧海外東經》中，有記載兩個「人首鳥身」的怪物。其一是「句芒」，有著鳥的身子、人的面容，腳踩兩頭龍，飛翔於天際，是掌管草木生長的「春神」。其二爲「顒」，面容近似貓頭鷹，臉上有四隻眼睛，鳴聲如重複著自己的名字，四處旱災。

二月

開漳聖王

神明別名

聖王公、陳聖王

神明日子

生日－農曆二月十五日

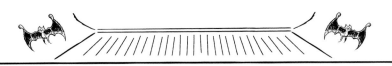

聖王馬護八芝蘭
漳屢勝　泉敗走
夜襲石馬嗚呼哀
道獻計　漳退避
同歸所葬無名屍
廟公拾　枯骨散
恩恩怨怨怎同歸
角頭祭　角頭祭

聖王公的守護獸——石馬

開漳聖王本名陳光元，是唐代著名的武將，因開發漳州、潮州有功，受歷代君王褒揚，漳州地區人民尊稱祂爲「開漳聖王」又稱「聖王公」。

在臺灣，聖王公信仰主要集中在臺北士林、中和、桃園以及宜蘭地區，是漳州人所崇拜的神明。聖王公麾下輔將眾多，其中以守衛鄉里的坐騎——石馬最爲地方人士傳述。

明朝末年貧富懸殊，土地、糧食問題日趨擴大，漳、泉人的大本營閩南區環山面海，與臺灣僅僅一海之隔，加上同鄉漳州人顏思齊與泉州人鄭芝龍招募人力來臺灣，有了一波移民潮，開漳聖王信仰渡海來臺，有部分漳州人落腳八芝蘭，位於今日臺北市士林區一帶，展開新生活。

居住在艋舺一帶的泉州人與八芝蘭的漳州人常常發生械鬥，而泉州人時常打敗仗，不禁懷疑是否有其他原因。有一位道士指出，是開漳聖王的石馬顯靈助陣，泉州人才打不贏。泉州人不敢對聖王公動氣，經一道士指點，轉而向石馬下手，希望能將石馬搗毀，讓聖王公困坐芝山巖，無法下山助陣。於是泉州人於暗夜潛入芝山巖，使刀劍刺入石馬的側腹，石馬就此一命嗚呼。聖王公沒了坐騎，泉州人自此就不再屢戰屢敗。據說芝山巖山腳那顆不起眼的大石頭，便是開漳聖王傳說中的坐騎，有人說當初刀劍鑿刺的痕跡是存在的，傳說故事到現在還一直流傳！

芝山岩枯骨傳說

筆者小時候曾住在花蓮美崙溪畔河堤邊的日式房屋，有一晚，房子正後方一民宅失火，燒死了一位婦人，火勢延燒到我家廁所，好在有及時撲滅，也未波及其他住戶。過了幾週之後，晚上總會感覺在失火的那個時刻（清晨四點），會在失火的那個方向隱約聽到狀似人哼歌的聲音，持續了好幾週才消失。會令我記起這個往事，是因爲讀了芝山岩枯骨傳說，這個故事也發生了類似的情況，但是更爲靈異。

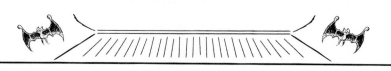

芝山岩是臺北市士林區孤立的小山丘，可遠眺八方，是視野極佳的高地。漳州人、泉州人將此山當作兵家必爭之地，在雙方械鬥的過程中，有許多人死於入山隘口，而爭地傷亡者，全是漳泉的無名屍，兩方被安葬於山頂的「同歸所」，墓中還有林爽文事件的死難者。相傳每到了夜晚會聽到墓地裡傳來敲擊的聲音，人在打鬥的嘶吼聲。據說某清晨，一位廟公就在路徑上發現骨骸，原以爲是野狗所爲，就將它撿回墓地。日復一日，骨骸還是每天散落於山徑，廟公百思不解，便跟開漳聖王請示。經過聖王公的提點，原來是因爲漳泉械鬥的罹難者不肯合葬，人數多的漳州人就把人數少的泉州人骨骸丟出墓地，於是在地居民另尋一塊地，將泉州人屍骨遷出，而後就沒有發生屍骨被棄置在外的情況。

俗諺語

士林街，普電火；石牌仔，普紅龜粿；北山頂，普豬公尾；湳雅，普傢伙。

◎芝山岩枯骨傳說讓地方居民非常害怕，爲了讓亡靈安息，在地方有流傳此一普度俗諺語。此話正好顯示八芝蘭四個角頭的個別特色：「士林」街區熱鬧，普度會掛起許多燈泡；「石牌」早年多種稻，普度時會提供米製的紅龜粿；「北山頂」指的是指陽明山平等里、內外雙溪，這一區有許多養豬人家；「湳雅」則是有錢人多。

關鍵字

水裡來、火裡去

◎每年農曆正月十五日，在萬里的野柳保安宮會舉辦「神明淨港」活動來酬謝神恩，感謝開漳聖王對漁民與地方居民的護佑。過程會先由信衆偕同神轎出海，在野柳港近海來回巡視三圈，回港後，會將船上的漁獲卸載，象徵滿載而歸、出航平安；接著則由年輕的信衆扛起神轎一起躍入野柳漁港，由神明淨港來驅逐水中鬼怪；緊接著，信衆會扛起神轎，赤腳踏過灼熱的火堆三巡，象徵去除晦氣，完成神明過火的儀式。

聖王反鏤八芝蘭
漳屢勝泉敗走
夜襲石烏、嗚呼哀
道獻計漳退遊
開漳聖王
同歸所葬無、名、屍
廟公拾枯骨散
恩、怨、怎同歸
角頭、祭、角頭、祭、
漳
泉

二月

觀世音菩薩

神明別名

觀音媽、觀音大士

神明日子

生日－農曆二月十九日
得道日－農曆六月十九日

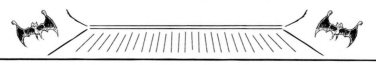

家家觀音彩
佛前阿彌陀
八七災變顯靈照
騎龍觀音議紛紛

神明的版權紛爭

臺灣傳統民宅正廳之中，常見神明彩（神明繪像），最上方是觀世音菩薩，兩側由善財、龍女隨侍；如爲三層式畫作，上層爲觀世音菩薩，中層是媽祖或關公，下層則是灶君、土地公。由此可知，觀世音菩薩相當受到信徒愛戴，顯蹟傳説不可勝言。以下有一則奇聞：相傳八七水災發生時，有人拍下騎龍觀世音菩薩的聖像，很多信衆還説親眼目睹，指證歷歷，後來該圖被宗教界翻印成圖片膜拜。自稱擁有作品版權的蔡先生出面主張著作權，控告使用的宮廟，經過法院調查，駁回了告訴並聲明：「圖像出自日本畫家原田直次郎的油畫作品，作品在臺灣經由蔡先生臨摹，並無所謂的『原創性』，不得主張擁有著作權。」這一樁神明圖像版權紛爭就此落幕。

治眼疾的甘泉寺

相傳於一八六〇年，有一位民衆在溪邊拾起一顆神似觀世音菩薩的石頭（亦有拾起木雕像之説），將祂供奉在路旁。因爲前來參拜的信衆越來越多，此路有了石觀音街之名，並就地建廟（福龍山寺）。而廟位於低窪處，廟方挖出泉水，據傳能治疾病，《桃園廳志》曾記錄：「……當時有患眼疾者，汲洗之即癒。」因此該廟改名爲「甘泉寺」。後來聲名遠播，當地被稱作「石觀音莊」，日治時期改作「觀音庄」，光復後更名爲「觀音鄉」，今爲「觀音區」。

關鍵字

抱鼓石

◎抱鼓石常見於臺灣廟門門檻兩旁，會使用青斗石製作，上半多爲鼓型，有螺旋紋，有的會鑿刻豐富的紋樣。主祀觀世音佛祖的艋舺龍山寺三川殿前有抱鼓石，右刻「雙龍搶珠」、左刻「蒼龍教子」，右鼓後方分別刻有「馬上見喜」與「封侯受祿」，算是非常華麗的版本。

觀世音菩薩
彡彡觀音彩
佛前阿彌陀
八七巛樂變鄉靈明
騎龍觀音鐵紗紗

二月

三山國王

神明別名

巾山、明山、獨山的山神

神明日子

生日－三位神明生日不同，統一爲農曆二月二十五日。

時亂皇世崩
三山護國皇
神將平匪亂

移民遊子還
三山國王隨
客家團圓歸

客家人的自然神

三山國王信仰起源自廣東河婆鎮北面的巾山、明山、獨山的神靈，祂跟土地公一樣，是自然神演變而來。宋朝時，宋太宗討伐流寇劉繼元，被困於太原城下，在危急之時，天降金甲神人，嚇退賊寇。金甲神人的旌旗上寫著「潮州三山神」，宋太宗大喜，認爲是神靈親征救駕，後賜廟額並詔封三位山神爲各據一方的國王。原本爲山神，在廣東河婆鎮附會成「大王爺教書（白臉），二王爺殺豬（紅臉），三王爺燒炭（黑臉）。」亦有附會成《三國演義》中的「劉備（白臉）、關羽（紅臉）、張飛（黑臉）」藉此來彰顯團結的重要性。在臺灣，三山國王被認爲是客家人的信仰；其實不全然，更精準地說，信眾指的是粵東潮州人、閩南漳州人。

老三王神像

離鄉背井的客家人來到臺灣後，便以三山國王廟作爲精神寄託的中心。一九三〇年，日本實行皇民化政策，提出「國有神社，家有神棚」。要臺灣人改爲信奉日本大麻神宮，不少神像被集體火化，因此出現了許多落難、流浪神明。那個時期，人心惶惶，臺灣人把藏神當作運動，小尊的繫於褲頭、褲腳，大尊的藏在家裡的床下、倉庫、豬舍……。雲林大埤鄉有一個三山國王廟，信眾爲了保護神像，將廟裡的老三王神像偷偷拿回家中供奉，二戰結束後，信眾馬上熱烈地將神像迎回，並集資重塑雕像，修葺廟宇。當時，將神像請回廟裡的那種激動之情，在這個時代應該很難體會吧！

關鍵字

米龍

◎新莊廣福宮——三山國王廟，曾在修葺廟宇後，舉辦建醮活動，有信眾拍攝到鋪排於地上的米龍顯靈，在廟廳擺尾露出光譜的照片，此事掀起各方討論。先不論照片眞僞，倒是擺置「米龍」是道教中頗爲獨特的科儀。會有這樣的儀式，是因爲寺廟修葺會擾動所在地的龍神，因此廟方會舉行建醮法會，用白米排出龍頭、龍身、龍爪、龍尾，形成一條米龍，用來安龍謝土。

三山國王

時亂皇世朝 三山護國皇
神將平匪亂 移民遊子遷
三山國皇隨 客家閩同歸

三月

玄天上帝

神明別名

上帝公、眞武大帝

神明日子

生日－農曆三月三日

屠刀放　變玄天
龜蛇亂　將換劍
七星芒　龜蛇跪
憂精逃　劍未歸

玄天上帝腳下的蛇龜

玄天上帝是二十八星宿中，北方玄武七宿的神格化，是人民對北方星辰的崇拜。在臺灣的傳說之中，玄天上帝本是一個殺豬的屠夫，由於殺了太多的生靈，自認罪大惡極，爲了贖罪舉刀剖腹自殺，但卻未死，肚子裡的腸子變成了蛇精，內臟變成了龜精，在民間作亂。後來玄天上帝用三十六官將跟呂洞賓（亦有說是保生大帝）借來一把七星寶劍，才降伏了這兩隻精怪；現在看到的玄天上帝神像手持寶劍，腳下踩著蛇、龜的形象是這樣來的。有學者指出，此傳說是明朝衰敗，清朝接管臺灣後，朝廷暗中施力，讓玄天上帝的身世從大神跌落爲屠夫。

玄天上帝與媽祖之爭

一六六一年鄭成功自鹿耳門登臺，劉國軒等一班部將，建設茅屋，將玄天上帝信仰引入臺灣。當時的媽祖信仰並不興盛，媽祖信仰在臺灣會發展到如此榮景，跟清朝政治力的操控有關。在鄭氏王朝幾近崩毀之時，清朝派遣施琅爲水師提督攻打臺灣，幾次重要戰役獲勝後，上奏請求敕封媽祖，並提到媽祖顯靈，將戰功歸於媽祖。而清朝設立番屯制度，使得西部不受原住民侵擾，讓福建、廣東居民大量移入，民間往復兩岸的貿易也開始活絡，由許多「郊商」（從事兩岸貿易的商號的通稱）供奉。在政治與經濟推波助瀾之下，使得媽祖信眾倍增，逐漸超越玄天上帝信眾。

關鍵字

神蛾

◎根據《自由時報》報導，在嘉義縣阿里山森林遊樂區內的受鎮宮，每年到了玄天上帝生日時，會有飛蛾依附在神像身上，此現象已有五十年之久。此飛蛾學名爲「枯球籮紋蛾」屬大型蛾類，前翅有金色的大眼紋，又暱稱爲「貓頭鷹蛾」，信眾說此現象爲神蛾祝壽，該宮也因此成爲遊客熱點。

玄天上帝

屠刀放
變玄天
龜蛇亂
將拔劍
七星芒
龜蛇跪
憂精逃
劍未歸

三月

池頭夫人

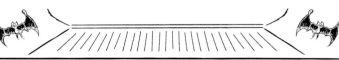

陰曹殿　血池獄　兩岸池頭各有歸
孤芳魂　香火祀　成鬼化神地方信
萬華寺　姑娘命　漳泉鬥械護成神

神明別名

腳媽

神明日子

生日－農曆三月六日

臺灣的冥界女神

中國宋朝描繪十殿的作品《玉曆寶鈔》記載著池頭夫人在十八層地獄中職掌「血池地獄」，專門懲戒不孝父母之人或難產而死之婦女。而臺灣奉祀的池頭夫人是協助懷孕婦人保胎安產，與中國不同。在西元一八五四年，漳州、泉州移民來臺灣之後，生活慣習有極大差異，時常為了爭奪生存的資源大打出手。某日漳州人打算在龍山寺廟會慶典結束後，在深夜伏擊泉州人，正巧被一位還未入睡的懷孕婦人瞧見，漳州人怕計畫被阻撓，便將該名孕婦殺死，過程中的求救聲驚醒了泉州人，讓他們能提前備戰，因而大勝漳州人。泉州人為了感謝該名孕婦，便將她奉為守護神。

拯救亡靈的血轙、水轙

如果有人冤死、枉死，落入血池地獄受苦，可透過民俗法會來超度亡靈。每年農曆七月十四日，臺北保安宮會舉辦牽轙的儀式，請池頭夫人保佑因血厄枉死的冤魂，又稱作「牽血轙」。

而有另一牽水轙儀式與池頭夫人無關，但頗為特殊。在一八四五年，雲林縣口湖地區曾因颱風引發嚴重的海水倒灌，水洗沿海居民，死傷慘重，據官方估算有近三千人死於這場天災（民間則認為死亡數字將近七千人）。於是每年農曆六月七日、六月八日，當地人會為此安排「牽水轙的儀式」，象徵將水下亡靈牽起，讓孤魂出來能參與普度。

俗諺語

生得過麻油香
生不過四塊板

◎古時醫療技術不好，婦女生產猶如「一腳踏在棺材內」，死亡風險極高。此諺語用來形容婦女如果生產順利，就能坐月子來調養身體，若不幸難產就得用上木棺，賠上性命。

池頭夫人

陰曹殿血池獄
兩岸池頭各有歸
孤芳魂香火祀
成鬼化神地方信
萬華壽姑娘命
漳泉鬥械護成神

三月

保生大帝

神明別名

大道公、吳眞人

神明日子

生日－農曆三月十五日
得道日－農曆五月二日

吳夲密行醫　山中草藥行
林現一病虎　哀嚎痛求醫
化骨符水入　世世報恩情

行腳神醫

保生大帝本名——吳夲（ㄊㄠ），醫術來自西王母的教導，以行腳的方式救世。某日，吳夲撕下尋求神醫的告書，被士兵帶進宮中，原來是宋仁宗的皇后生病求治無方，才會往民間探詢神醫。起初，宋仁宗不相信江湖郎中，將皇后與吳夲隔離開來，故意用線拴著木頭和貓，請他以線聽診；但是，馬上被吳夲識破。此舉讓宋仁宗應許吳夲替皇后診脈配藥，皇后服用數日後，病痛就痊癒了。吳夲醫術高明，除了救治人病，亦有「點龍睛醫虎喉」的故事流傳。吳夲死後，宋朝朝廷頒賜「慈濟」匾額，尊稱他爲保生大帝。

奇妙的藥籤配方

保生大帝的廟宇有提供信眾求取藥籤的服務，還會將之分爲大人科、婦人科、小兒科與眼科等等。二〇一五年《自由時報》曾刊載信眾參拜臺南歸仁仁壽宮，求到的藥籤內容是「牛乳糖」，小字附註「半飯碗、調熱酒服之」。趣味的藥籤可紓解心情，還是需要多留意藥籤配方，據《中國時報》在民國八十五年報導，在宜蘭有一名病患依藥籤指示，服下含劇毒的八角蓮，差點中毒身亡。求取藥籤多是求心安，提高信眾克服疾病的信心，但別誤食傷身。

關鍵字

點龍睛　醫虎喉

◎相傳宋代有一老虎吞食婦人，髮簪卡於喉頭，咳不出來也取不出來。於是牠屈身扮作人形到城中請吳夲診治。吳夲認爲牠害人無數，原想就此懲罰牠，但老虎向他懺悔不再傷人……吳夲將牠喉頭的髮簪取出，老虎爲了報答他，便從此留在吳夲身旁。另日，一患眼疾之蟠龍，幻化爲人的樣子，向吳夲求治，吳夲一眼識破病者非人，醫者仁心，蟠龍回覆原貌讓吳夲以符水點於龍睛，將龍眼治癒。

保生大帝
吳真人
吳本密行醫
山中採藥行
林現一病虎
哀豪痛求醫
化骨符水入
世世報恩情
敕令
保

三月

武財神趙公明

神明別名

寒單爺、玄壇眞君、天官中路元帥

神明日子

生日－農曆三月十五日
得道日－農曆七月二十二日

武將趙公明
自理萬財積
敬尊武財神
身不耐寒冬
正月十五夜
爆竹擲
暖笑呵

怕冷的寒單爺

寒單爺本名趙公明，又稱爲「玄壇爺」（臺語發音 Hân-Tan-Iâ，因此民間有寒單爺或邯鄲爺的稱呼）。在《封神榜》中受封爲金龍如意正一龍虎玄壇眞君，由祂率領招寶天尊、納珍天尊、招財使者和利市仙官統管財富，是五路財神之首。

傳言寒單爺怕冷，因而在正月十五日的夜晚，有了擲爆竹炸寒單爺的習俗，主要是祈求神明承擔人民的痛苦。「炮炸寒單爺」的祭典在花蓮、臺東最爲興盛，竹南中港也有「迎邯鄲」的活動。

寒單爺的替身

「炮炸寒單爺」的祭典中需要寒單爺的肉體分身，據傳能得到神明庇護，所以自願者相當踴躍。早期的肉身寒單爺需要「開臉」，就是在臉上彩妝神明的面容，頸上會掛著元帥印，以濕毛巾摀住口鼻，並用棉花塞耳朵，後來因毛巾會將臉包住，取消了「開臉」的習俗。肉身寒單爺會站立在轎子上面，並請寒單爺金身鎮守坐轎，當炮炸儀式開始時，肉身寒單爺會手持榕樹枝葉，用來擋下鞭炮，有擋煞的民俗用意。炮炸方式有披炮式、竹竿炮式、排炮式，這由炮手來執行。臺東玄武堂曾開過新炮手訓練營，期望徵求新炮手，來承接老炮手的工作。

俗諺語

衆神下來，獨無財

◎每年農曆的正月初四日，是灶君、值年太歲星君與諸神回到人間的日子，五路財神要在正月初五才下凡，因而有了「衆神下來，獨無財」的說法。

武財神

趙公明

武將趙公明
自理萬財緣
敬尊武財神
身不財無冬ゝ
正月十五夜
爆竹擲
暖笑呵ゝ

三月

慚愧祖師

神明別名

慚愧公、蔭林山祖師公

神明日子

生日－農曆三月十六日
得道日－農曆十月三日

拳頭握　了拳出　萬般慚愧祖師公
紅衣出　香爐過　護鄉佑民保安康

揪心世人的佛僧

慚愧祖師又被稱為「祖師公」，明末李士淳撰〈慚愧祖師傳〉中記述祖師公為福建汀州人，俗姓潘，剛出生時因左手緊握，乳名為「拳」；而後一遊僧在其手上寫「了」，五指直伸，改名為「了拳」。相傳祖師公自小就非常聰明，在母親過世之後，出家佈道數十年，心甚有愧未能廣度眾生，坐化圓寂於陰那山，後人尊稱慚愧祖師。

祖師公隨著閩粵先民移民來到臺灣後，有了不同的說法。臺灣的慚愧祖師多是三兄弟，大王、二王、三王各有所長，專精於術數、斬妖法術、醫術。入境後的祖師公佛道融合，神像戴著佛僧王冠，有的神像會手持七星劍，則是受到了玄天上帝的影響，赤腳可能是移墾重要的象徵。信眾多集中在中部、南投縣一帶，是客家人的信仰之一，以鹿谷鄉最為興盛。

防番之神

慚愧祖師是臺灣移民的守護神、防番之神、醫神，有許多傳奇之事。《陰林慚愧祖師真經》有載：「凡有兇番先示兆，謂文禁山定有日。」閩粵先民來臺灣後，移墾的生活區與原住民生活圈重疊，為躲避遇上原住民出草，漢人外出行動前會先請示祖師公。清代的提督吳光亮曾因開闢八通關古道時，於鹿谷鄉請慚愧祖師護佑，以防原住民出草；相傳曾有頭裹紅布巾的小孩挺身相助，眾人認為是慚愧祖師顯靈庇祐。路開好了，吳光亮特贈「開山佑民」匾額答謝鹿谷鄉的寺廟，因而祖師公又有「防番之神」的稱號。

關鍵字

羌仔寮

◎臺灣慚愧祖師的信仰集散地在鹿谷鄉，古名為「羌仔寮」，相傳該地過往羌鹿成群，是原住民狩獵的場域。而哪裡可以看到狩獵足跡呢？據地方媒體報導指出，在凍頂山羌仔寮的產業道路上有一顆巨石，石面有數十條磨箭的痕跡，經政府派人考察，已確立該巨石表面痕跡與羌仔寮原住民狩獵生活有關。

斬傀祖師
拳頭搖了拳出萬般斬傀祖師公
紅衣出香爐過護鄉佑民保安康
八通關平安

三月

太陽星君

神明別名

太陽公

神明日子

生日－農曆三月十九日

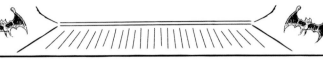

臺南溪州里太陽公會公爐已失傳祭拜者少

九豬十六羊

太陽公又稱爲「太陽星君」，是人對太陽的崇拜，雖然太陽星君的信仰來自中國，但隨著移民來到臺灣之後，在環境變遷之下，信仰內容有了改變。太陽星君崇拜的背後有著另一個可解讀的祭祀觀，連橫先生的《臺灣通史》提到：「三月十九日傳爲太陽誕辰，實則有明思宗殉國之日也。」此一風俗如今祭拜者少矣，其寓意爲何？我們可以從信徒們的祭品中窺見一二。

在太陽公生日的這一天，信徒們會準備豬形糕餅九塊和羊形糕餅十六塊，朝向東方祭拜，保佑一家大小免受災厄侵擾。實際上這一天是明朝崇禎皇帝自盡之日，民間編造太陽星君三月十九日誕辰，即是爲了不被清朝發現追思明朝的意圖。而九豬十六羊意謂著救「朱元璋」與「明朝的十六代君主」，隨著這群人的凋零，這樣的祭儀在臺灣逐漸消失中。

茄萣的太皇殿

高雄縣茄萣鄉過去時常發現流水屍，地方不太安寧，村民迎神建廟，期望能庇蔭鄰里鄉民，該神就是太陽星君。據傳太陽星君會來到茄萣是三寶佛（太陽星君的姊姊）遊說祂下凡，說：「此地夏天有飛魚，……景致甚美。」應三寶佛邀約，便下凡至茄萣鎭守。茄萣太皇殿的太陽星君猶如海神媽祖，保護該區的漁民平安；而漁船時常出航至臺東，亦將太陽星君分香至臺東供奉，設立臺東太皇殿。

關鍵字

太陽與豬母菜

◎在中國的傳說中，九位太陽兄弟讓大地一片難耐，雷公和風、火神十分不忍，一同擊落了八個太陽，有一顆太陽躲在豬母菜（馬齒莧）裡躲過了一劫。這個太陽回到天上成了太陽星君，給了豬母菜耐熱的特性。

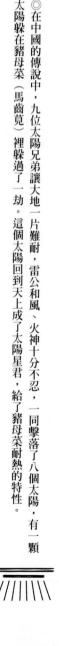

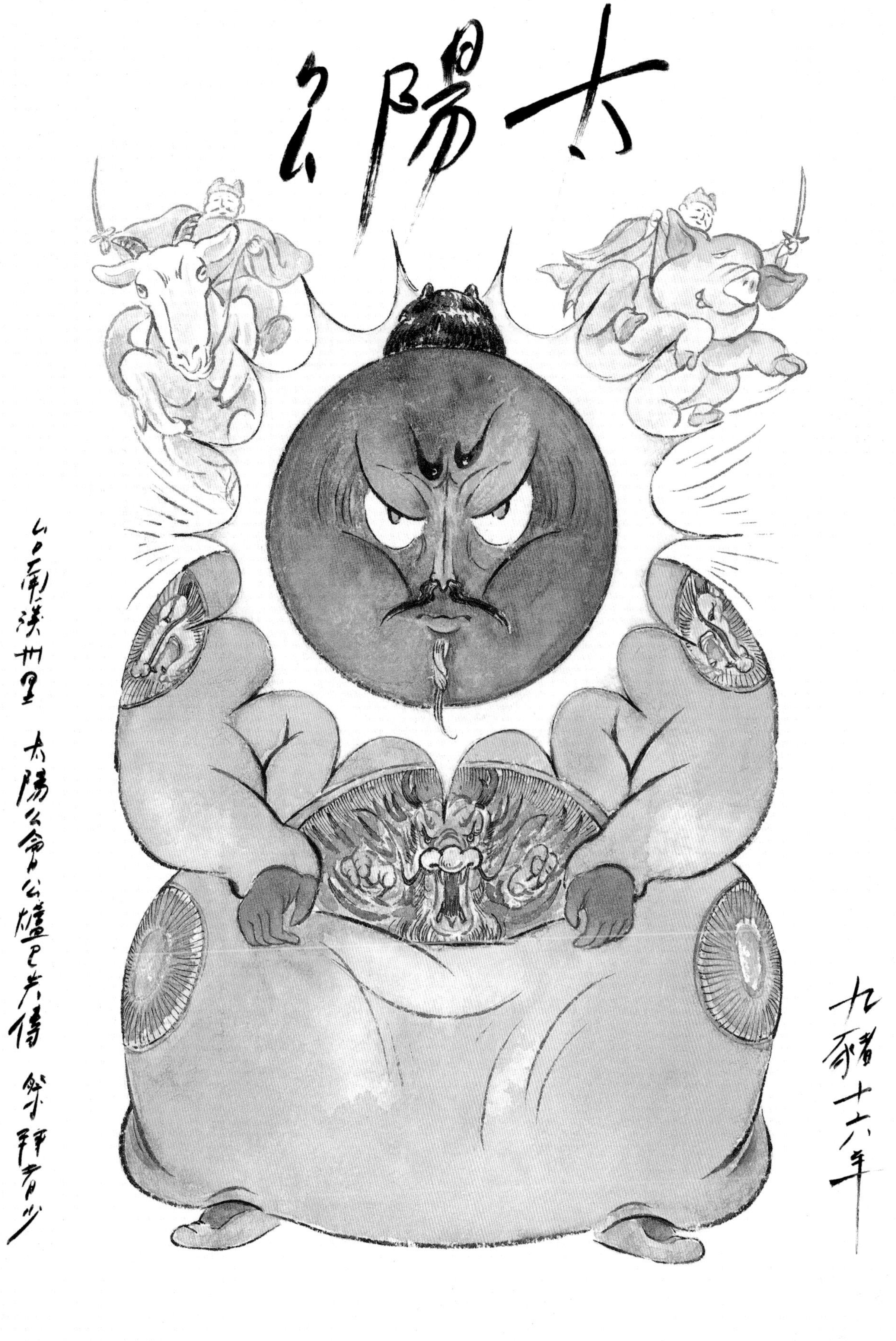
太陽公
山南漢州里
十六年

三月

註生娘娘

神明別名

註生媽

神明日子

生日－農曆三月二十日

天賜麟兒保平安
地孕千金添福慧

授子神

「註生娘娘」是主司生育的神，又稱作「授子神」。鍾華操的《臺灣地區神明的由來》文中區分了「註生娘娘」和「臨水夫人」，指兩位都是主司生育的神，但並非同一神明。

註生娘娘身旁會配祀十二位抱著嬰兒的女神，總稱「婆姐」。當婦人前來求子，就會把自製的帽子跟衣服獻給婆姐抱的嬰兒穿戴，以祈求自己也能生一個健康的孩子。等孩子生下來後，就得準備油飯跟麻油雞來答謝註生娘娘。

保佑孩子的絭牌

註生娘娘掌管生育，護佑孩童的神明是「七娘媽」，在民間有跟七娘媽求取「絭牌」的習俗，將絭牌繫紅線掛在子女脖子上，以祈求孩子不要生病、能夠好帶的傳統。等到十六歲的時候，就要終止綰絭，將絭牌取下來，代表成年了。在臺南市的開隆宮有「出鳥母宮」的習俗，民俗意涵跟卸下絭牌很相似，透過參與儀式，來表示孩子已經長大。

在宜蘭八寶村，信眾會向石聖爺公乞求掛貫，早年是取用廟旁的石頭，加工打磨後，繫上紅繩做成貫給孩子佩戴。「掛貫」意同「綰絭」，這樣的習俗記載於《臺灣慣習記事》。

關鍵字

換花

◎爲了向註生娘娘求子，可以帶著鮮花到廟裡祈求，用擲筊方式向註生娘娘祈求順利得子。如果擲到允筊，代表取得註生娘娘同意，這時可以取走廟方放在供桌上的鮮花，想生男孩的請取走白花，取走紅花則代表了想求女孩。

註生娘娘
註生媽
天賜麟兒保平安
地孕千金孫福慧

三月

媽祖

神明別名

天上聖母、天后、天妃娘娘

神明日子

生日－農曆三月二十三日
得道日－農曆九月九日

移民海上漂
捧抱媽祖像
平安渡潮溝
二戰美軍襲
炮彈似雨落
媽祖威靈出
接彈護衆生

媽祖接炸彈

中國飄洋來臺的移民，在海象極差的臺灣海峽航行時，常有船難發生，期間也有媽祖顯靈救人的事蹟，移民或往來臺海兩地的商人開始將媽祖當作海神崇拜，祈求平安。媽祖來臺超過三百年，已經由海神形象逐漸變成母親的形象，從其顯靈伏妖、救病、解災、保衛鄉里等諸多傳說中可以看見臺灣人相當崇拜媽祖，其中最爲人稱奇的就是：二戰美軍襲臺期間，媽祖接炸彈的事蹟。這個傳說有數個不同版本，在彰化南瑤宮、埤頭合興宮、二水鄉安德宮、雲林北港朝天宮、嘉義朴子配天宮、屏東縣萬丹萬惠宮，以及臺中新社、臺南安平、高雄鳳山的媽祖，都有接彈護民的故事流傳。

媽祖的腳印

苗栗通霄白沙屯媽祖往北港朝天宮進香活動已經超過一百九十年，是長程徒步進香活動之一。由於白沙屯媽祖往返路線飄忽不定，全由神轎帶領信眾，一般進香團爲期十天左右結束。在二〇〇一年行程僅六天，需跋涉一百五十公里，相當考驗香客體力，有趣的是該年的北港鎮義警蘇小姐用相機拍下白沙屯媽祖進香隊伍行經河床的照片，上頭腳印不是凹陷的，而是浮出沙面的。

關鍵字

蜈蚣坪

◎蜈蚣坪又稱作「蜈蚣陣」，盛行的區域主要在西南沿海一帶，是臺灣廟會藝陣之一。主祀媽祖的苗栗金鑾宮，相傳媽祖擇地建廟時，於現址動土，發現大量的蜈蚣盤據，認爲此處爲蜈蚣穴，因此緣故廟方組織了「蜈蚣陣」。金鑾宮的「蜈蚣陣」爲一公一母兩陣，是該廟獨有，會由一百二十位身高一二〇至一三〇公分的孩童妝扮歷史人物出陣，其中皇太后、皇帝、正宮娘娘及王爺角色須擲筊請示媽祖決定。據傳此陣頭爲媽祖先鋒，具有驅邪避凶，開路解運的作用。

媽祖

移民海上漂
捧抱媽祖像
平安渡瑯嶠
二戰美軍襲
炮彈似雨落
媽祖威靈出
接彈護眾生

四月

釋迦牟尼佛

神明別名

佛陀、如來佛祖

神明日子

生日－農曆四月八日
得道日－農曆十二月八日

輪迴六道定生死　消極教主釋牟尼
佛像長舌高肉髻　恩來怨去哭牟尼

六道輪迴

釋迦牟尼又稱作「釋迦佛祖」，又稱作「如來」。釋迦牟尼是古印度北國的王子，相傳他的母親在四十五歲時，夢見一頭白象將他生下，出生後他便能行走，在走了七步後，出現了七朵蓮花，九條龍吐水，爲其沐浴。二十九歲出家，在三十五歲體悟生命的本質，認爲人無法脫離「六道輪迴」與「三世因果」，成爲佛教影響世人的教義。也由於此命定之說，不少人覺得生命不該如此消極，應該更勇於翻轉人生。

佛的長相是長舌、長肉髻？

釋迦牟尼梵文是 Sakya Muni，Sakya 中譯爲釋迦，在梵文中是種族的姓，而牟尼 Muni 是修行者，亦有聖人之意，釋迦牟尼四個字可以解釋爲修行的聖人。至於成佛的聖人樣貌究竟是什麼樣子呢？

最明顯的外在特徵是佛頭上顆粒狀的突起物，又稱作「肉髻」，據說佛頭的肉髻越高，其智慧越高，該相貌載明於《長阿含經．大本經》的三十二相中。另一本《中阿含經》對佛的相貌有一不可思議的描繪：「大人廣長舌。廣長舌者，舌從口出遍覆其面。」而佛經《大智度論》亦有提到：「舌相如是，語必真實。如昔佛出廣長舌，覆面上，至髮際……」乍看之下，我們會以爲佛陀的舌頭能舔覆滿面，但其眞正的意思是說，如能三世（過去、現在、未來）不妄言，不造口業，就會有「廣長舌」。

俗諺語

看有食無干焦癮
親像佛祖蒸油煙

◎寺廟裡的神佛像看著供桌上美味的供品卻吃不到，只能聞香油的油煙乾過癮。

釋迦牟尼佛

輪迴六道定生死
消極教主釋牟尼
佛相長舌高肉髻
恩來怨去哭牟尼

四月

呂洞賓

神明別名

呂仙祖、孚佑帝君

神明日子

生日－農曆四月十四日
得道日－農曆五月二十日

髮師剪刀落
太祖頭瘡破
虎鍘人頭落
呂喬裝入殿
救師癒髮瘡
紅旗賜洞賓
贈旗逍遙走

理髮師的守護神

相傳呂仙祖與妻子在洞中修行，因夫妻兩人兩張口，改姓呂，自稱呂洞賓，妻子病死之後，自學得道成仙。一日聽聞明太祖頭上長膿瘡，不少理髮師誤觸，無辜慘死，呂洞賓覺得人死得太無辜，決定喬裝成理髮師進宮幫明太祖剪髮；結果醫治好明太祖的頭皮，也剪了好髮型。明太祖要賞官賜祿，呂洞賓僅要了一面紅旗，把紅旗插在理髮店門外，就升天回仙鄉了。所以在四月十四日呂洞賓生日的這一天，理髮業會有祭拜祂的習俗。

布袋戲的由來

明末書生梁炳麟，和友人前往九鯉湖仙公廟預卜科考運途，結果在當晚夢見一老翁在他的掌上題了「功名歸掌上」，梁生夢醒之後，赴京應試，不料還是名落孫山。梁生返鄉夜宿客棧，見房客懸絲操偶，覺得操偶不夠靈敏，靈機一動，改以手掌架偶操戲，沒想到演出後大受歡迎；梁生終於明白「功名歸掌上」的意涵。

關鍵字

睏仙夢

◎唐朝「黃粱一夢」提到了盧姓書生向道士（呂洞賓）傾述貧苦生活，道士給他一青瓷枕頭，倚枕而臥，進入夢鄉。盧生在夢中享盡榮華富貴，體會人生無常。呂洞賓特愛託夢，又被稱爲託夢之神。位於木柵主祀呂洞賓的指南宮內有「祈夢」服務，當地人稱爲「睏仙夢」，提供房室讓信徒小睡片刻，等神明入夢指點迷津，該服務可團體報名，非常有意思！

呂洞賓
呂仙祖
髮師剪刀落
太祖頭擔破
虎鍘人頭落
呂喬裝入殿
救師癒髮瘡
紅旗賜洞賓
贈旗逍遙走
純陽祖師

四月

廖添丁

神明別名

添丁

神明日子

生日－農曆四月十五日
得道日－農曆十一月十八日

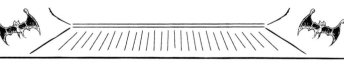

少年添丁監獄走　張富指做雞尼棒
飛天遁地成英雄　盜警槍炮聲名噪
三種戶別警管列　劫富濟貧鄉民傳

廖添丁是大盜還是雞泥棒？

廖添丁生於一八八三年四月十五日，戶籍地在臺中廳大肚上堡秀水庄番地（今日的臺中縣清水鎮秀水里），廖添丁未滿二十歲就有犯案經歷，他因犯下四起竊盜罪，曾數次出入臺中監獄。而日方將廖添丁視爲一名累犯的「兇賊」，是令總督府警務局頭疼的人物。

當時還有另一名大盜——張富，他被日本刑警飯岡秀三稱爲「奇代惡漢」，此人非巨富不盜，很多人認爲他與廖添丁關係亦師亦友，是廖添丁走歹路的崇拜對象。但在張富的眼中，年輕的廖添丁不過是一名「雞泥棒」（意指做些偷雞摸狗的小事之人）。刑警飯岡秀三於總督府發表的《臺法月報》——〈探偵實話 奇代の兇賊臺北城下を騷す〉指出：「廖添丁會從小偷變成強盜、殺人犯是受到張富的影響。」但張富萬萬沒料到他的運氣沒廖添丁好。土城茶商竊盜案發生後，張富等眾賊拒捕，情急之下，廖添丁射出菜刀自衛，反將張富刺傷，誤幫日警察抓了張富，讓廖添丁幸運的躲過一劫。之後，廖在大稻埕屠獸場警察廳宿舍犯下著名的警槍、彈藥的竊盜案，當時的《日日新報》不斷捕風捉影：「廖添丁勇力過人，武藝邁眾，數十名警察，不能近身……」日警還稱廖爲「飛天梟賊」，可見他是多麼會避逃警方的追緝。

廖是否眞有劫富濟貧？在官方的資料中並無法透析一切。要不是日警布線收買了廖添丁的朋友，趁著他睡著時槍斃了他，或許這個傳奇人物會留下更多的故事。

俗諺語

你毋是辜顯榮
我毋是廖添丁

◎辜顯榮是艋舺的富人，廖添丁的形象是劫富大盜，坊間相傳廖添丁曾經潛入辜顯榮家中勒索，以這樣的反差來形容對立的兩方沒必要永久如此，雙方是可以坐下溝通，一起化解誤會的。

廖添丁
雞泥棒ない
台北城下を騷動
少年添丁監獄走
飛天遁地成英雄
三種日別警管列
張富指做雞泥棒
盜警槍炮聲名響、
劫富濟貧鄉民傳

四月

神農大帝

神明別名

五穀王、藥王大帝、田祖

神明日子

生日－農曆四月二十六日

五穀土地王
犄角黑紅黃
神農百草嘗
赭鞭不斷腸

神農如何嘗百草？

神農大帝是百草之王、五穀王，是播種收穀的農事之主，亦有「土地之神」的稱號。「神農」一詞最早出現在戰國以後，記載於《呂氏春秋》、《禮記》、《莊子》等書。有關「神農」並非單指一個人，有三種不同的解釋：個人姓氏、農氏官員、時代的稱號。我們一定有聽過，神農氏嘗百草，以身試毒，讓後人知道哪些植物有毒害。神農氏因而神格化，變成了神農大帝、藥神。這麼說來，神農氏是百毒不侵嗎？淮南氏《淮南子．修務訓》提到：「神農嘗百草之滋味，一日而遇七十毒。」據傳他在試嘗百草之前，擁有一顆如水晶般透亮的肚子，是嘗遍百毒後整個人才變色；所以現今的神農大帝神像身體有黑色、紅色，是這樣而來的。

如果神農爲常人，爲何能百毒不侵？因此，後人也在推斷神農氏怎樣嘗百草，又如何避開有毒植物。在西漢的《史記》有提到，神農氏是以紅褐色的鞭子鞭草木，藉由鞭子來辨析百草特性。這樣看來染上紅褐色的鞭子是一個關鍵的工具，由於古人沒有染劑，色彩都是天然的植物成分，紅褐色的鞭子是用赭土粉染上的，對有毒的草木（酸性物質）會有反應，鞭子因此有了銀針或 pH 試紙的功能，能以酸鹼度來測出百草毒性。如果科學一點來看，神農氏要嘗百草不無可能！

關鍵字

對場作

◎對場作又稱作對場營造，早年由地方仕紳與工匠藝術家組隊，由廟方安排，將廟宇分左右（龍虎邊）兩邊，前後兩向，由不同組的師傅分別建造。由於師傅的風格、手法不同，便會產生差異，競爭意味濃厚。如三重先嗇宮的對場作曾引起兩派師傅大戰，有一方曾埋一張符咒在屋瓦內，另一方則刻跪地童子暗諷。對場作不只神農大帝的先嗇宮有，師傅的競技場遍及全臺，有興趣的朋友入廟可多做觀察。

神農
大帝
五穀土地主騎角黑紅黃
神農百草嘗赭鞭不斷腸

五月

魯班公

神明別名

木匠神、巧聖仙師

神明日子

生日－農曆五月七日

魯班智超群
規矩畫方圓
衡度吉凶尺
寸寸是圭臬
工藝栩如生
木鷹躍飛行

東方發明王

魯班姓公輸，名般（班），是春秋魯國人，在臺灣慣稱魯班公。魯班公是一位發明王，制定了「規」和「矩」，並發明墨斗、鏟子、鑽頭、刨刀、鋸子等工具。魯班公最大的影響是發明了文公尺，以生、老、病、死、苦作爲基礎，在尺上分爲八格，依序爲財（錢財）、病（病災）、離（六親離散）、義（正義或行善）、官（官運）、劫（遭脅迫）、害（罹患）、本（本體或本位）八種運勢，在每格之內以紅、黑兩色標示吉凶，成爲建築、室內空間計量時，風水運勢的重要參考。另外，魯班公的手藝極爲高超，相傳他曾用雙手雕刻了一隻木製的老鷹，栩栩如生，飛上了青天。

匠寮

一七七〇年，清朝爲了建造水師船，率領百位工匠從對岸遷移來臺，落腳在臺中石岡附近，其中有一群客家人的工匠越過大甲溪在東勢開墾，搭建了三十幾間工寮，該區又被稱作「寮下」或「匠寮」。人口漸多之後，東勢成了伐木、造林的集散地，與鄰近的原住民時常發生流血衝突，工匠請來魯班公令旗保平安，在此建立了巧聖仙師廟。廟裡的事務比一般廟務繁雜，要處理稅務、田租、番務，因而有了「公館廟」的稱號。仙師廟與東勢地方的發展是密不可分的。

關鍵字

巧奪天工

◎東勢巧聖仙師廟正殿上方有一塊當地匠師所刻的「巧奪天工」匾額，據說乍看是「陰刻」，久視會有「陽刻」的錯覺，可見當地匠師的手法精湛，如牌額上「巧奪天工」四字一樣。

魯班公

魯班智超群
規矩畫方圓
衡度吉凶尺
寸寸是圭臬
工藝栩如生
木鷹躍飛行

五月

城隍爺

神明別名

城隍爺公、城隍老爺

神明日子

各地城隍爺生日不同
台北霞海城隍爺生日－農曆五月十四日

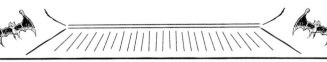

德滿水鬼陞　陰間司法走
帶職城隍守　入廳吐眞言
俗民申是非　善惡吉凶辨

水鬼變城隍

人說水鬼不抓交替滿三年，就有機會變城隍爺，一般的人只要生前品性良好，沒有邪思惡行，通過陰間官考，也能變城隍爺，幫人伸冤訴願。城隍爺轄管現世到來世的善惡吉凶，因此身旁有很多的部下，像是文武判官、日夜遊神、牛馬將軍、金銀將軍、范謝將軍、大爺、二爺等。

城隍爺是城市的守護神，是繼任制度，各地城隍爺的生日不同，禮俗作法也不同。以臺北大稻埕的「台北霞海城隍廟」爲例：從放軍安營劃結界、暗訪夜巡驅邪祟、五月十三迎城隍、十四日生日奉上三獻禮、十四至十八日祝壽法會，一直到收軍犒賞才算儀式圓滿。

台北霞海城隍夫人的馭夫鞋

據廟方表示：「早年農曆五月十三日迎城隍時，由於天氣炎熱致使許多女子中暑，被視爲『煞到』，加上有謠傳霞海城隍愛看美女，才供俸一尊夫人配祀。」

民間相信台北霞海城隍夫人馭夫有方，也能管教信眾的丈夫，信眾參拜後有感，會親自縫製繡花鞋爲夫人換鞋以表謝意，此鞋稱作「馭夫鞋」。現在信眾可以在廟方添油香將鞋請回家中，將鞋尖朝屋裡放置，意謂「心向家庭」；左右腳合鞋擺放，寓意「夫妻和諧」，又稱作「幸福鞋」。

關鍵字

夯枷

◎「夯枷」是以臺語發音，意思是將木製刑具扛在肩上，藉此跟城隍爺懺悔，來消除罪孽。新竹都城隍廟與嘉義城隍廟都有「夯枷消災」活動。在新竹都城隍廟，該活動使用三把刀所組成的三角紙枷來取代刑具，給信眾掛於肩頸，再由法師接引信眾回廟裡淨身，脫去紙枷後火化，藉此代表罪孽隨紙枷消失，來完成解罪、消除業障的儀式。而在嘉義都城隍廟使用的是方形紙枷。

城隍爺

德滿水鬼陞
帶職城隍守
俗民申是非

陰間司法走
入廳吐真言
善惡吉凶辨

動物神獸崇拜

——豬八戒（天蓬元帥）／貓妖廟／貓精窟殿／龍王（四海龍王）／雷公（雷師）／牛將軍／犬公（忠義十九公）／虎爺（下壇將軍）

豬八戒（天蓬元帥）——動物神獸崇拜
神明日子
石門神豬樹－農曆九月十日

酆都天河神將威
蓋世武功天蓬帥
豬哥嬉女投錯胎
天蓬八戒兩樣情

黃金聖衣美男子

「天蓬」屬於北斗星宿的星神，而後演變成人格神，「天蓬」二字最早記載於《上清大洞眞經》卷二，本書指出，天蓬身披金甲，口吐赤色雲氣，是一位俊美無雙的男子，是北極紫微大帝身旁武功高強的護法神。

而他究竟有多厲害呢？中國最著名的鬼城——酆都，惡鬼雲集，也是發派惡鬼歸屬之地，天蓬元帥便是鎮守此都重要的神將。能鎮守酆都的神將絕非等閒之輩，書中描繪的美男子，其本相爲三頭六臂，獠牙青面，手持法器帝鐘，以鉞斧、提索、仗劍等兵器伏妖鬼，另兩手能結印，能使出最令妖魔鬼怪懼怕的「天蓬咒」，若被本咒纏身者，眼目潰爛，魂魄形體會灰飛煙滅。其麾下能使喚的神兵有雷公、電母、風伯、雨師，另有三十六萬精騎……，這可讓妖、鬼、群魔聞風喪膽，天蓬元帥絕對是神界最威風八面的黃金神將。

那天蓬元帥與豬八戒是同一人嗎？剛剛提到，天蓬元帥是北極紫微大帝身旁的護法神；而豬八戒是出自《西遊記》，有不同的擁護者與發展。《西遊記》裡的豬八戒有一神職，也頗爲威風，祂統領著天庭八萬水兵，守衛天河，也是一名神將，稱作「天蓬元帥」，因好色調戲嫦娥身旁的仙女，此事讓玉帝震怒，將祂痛扁下凡，沒想到祂卻投錯了胎，變成了豬八戒。

投了胎的豬八戒可沒忘了自己曾是天河神將，連好色的性情也沒變，成了唐僧取經路上最會耍嘴皮子又鬧事的討厭鬼。因此，豬八戒雖稱作天蓬元帥，但並非北極紫微大帝身旁的天蓬元帥，只是在小說中用了相同的職務稱號，可別混淆誤會了！

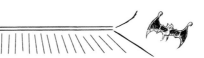

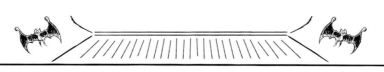

八大行業奉拜的豬八戒

臺灣的風化業者最期待有「大豬來進碉」，就算沒有，也要每天有好色之徒登門消費，為求發財，不拜「豬哥神」是不行的！這個豬哥神是從小說《西遊記》竄紅的「豬八戒」，是八大特種行業的守護神，行內人都稱呼祂為「祖師爺」，又有人稱它為「狩狩爺」。

據媒體報導，在特種行業上班的女子，上班前有習慣先拜拜，要讓祖師爺吃冰淇淋；而祭祀時，供品自然不能有豬製品，那可是大為不敬呢！而像這樣特殊的職業神可有專屬的「豬八戒圖形金紙」，據傳燒化後，能讓祖師爺直接收到，中途不會被鬼怪攔截。

千年豬頭神樹公

在北臺灣石門有一奇聞，該地一鄭姓男子因夢見豬八戒被大樹壓住，在夢中喊冤。鄭先生說困住豬八戒的是玉皇大帝，他覺得事有蹊蹺，於是他四處搜尋夢境中的大樹，終於在石門鄉豬槽潭山上，發現有一棵大雀榕，樹身有一突出的樹幹如肉瘤，狀似豬頭，認定該樹為夢中大樹，以「豬頭樹公」稱呼。為了幫豬八戒向玉皇大帝贖罪，便集資於該處立廟。而聽聞此樹靈驗的諸多風月女子會前來應許，亦有酒女得豬八戒幫助，脫離聲色場所。神樹旁的小廟供奉一尊豬八戒神像，手上抱一女子，據廟方說是一名女信徒因受惠「豬頭樹公」，特意託人雕此神像以表謝意。

俗諺語

豬八戒照鏡子，裡外不是人

◎形容人處於尷尬無法兩全的狀態，怎麼做都會被人指責，裡外不是人。

關鍵字

清涼秀

◎據新聞、研究資料指出，在民國六十至七十年，臺南新町風化區的業者為求生意興隆，曾祭拜過南鯤鯓五王廟旁的「水手爺」。由於相當的靈驗，為了答謝水手爺的幫忙，業者們請匠師在南鯤鯓代天府虎邊刻裸女浮雕，稱作「清涼秀」。而我們參訪南鯤鯓五王廟時，在內殿龍柱下亦有發現另一蚌殼裸女石雕。

天蓬元帥
酆都天河神將威
蓋世武功天蓬帥
豬哥嬉女投錯胎
天蓬八戒兩樣情
樹頭豬公

貓妖廟

——動物神獸崇拜

神明日子

農曆八月十五日（例祭日）

偷雞播瘟地方鬧
貓妖附乩求建廟
宮爺耳目狀似貓
瘟疫止　住民安

貓妖附乩建廟

在宜蘭頭城鎮的將軍廟，過去有一段奇特的傳說：相傳在宜蘭頭城鎮的福德坑有貓妖偷食農家雞隻，並散播瘟疫，讓居民相當恐慌，村民向神佛求救，始終沒有得到回應。某天，跟名爲將軍爺的木製神像祈禱，鬧事的貓妖經由乩童回應說：「只要建一座廟供奉我，讓我變成全村的守護神，我就不再作亂。」

廟蓋了，名爲天神宮，貓妖自此不再作祟。後來廟沒了，據傳是遇颱風，山上下大雨，發生山洪，廟被沖毀，裡頭的神像順水流到山下，被人拾起後就地建廟，該廟就是宜蘭縣頭城鎮的將軍廟。

貓與狗的兩樣情

爲避免死去的貓在地方作祟，會將貓的屍體裝袋吊掛在樹頭上的習俗，這樣就能避免發生不好的事情，也就有了「死貓吊樹頭，死狗放水流」的民俗諺語。相較於貓，狗的崇拜故事原型多是忠義、勇敢、護衛的形象，例如：臺北石門「十八王公廟」、臺中縣大里「七將軍廟」、南投草屯「七將軍廟」以及嘉義「忠義十九公廟」（義犬公廟），都有關於犬公退敵、護主、擒賊、伏妖的事蹟流傳。

關鍵字

壽山貓精

◎相傳有一對劉姓夫婦搬入桃園壽山某地，劉妻夢中時常出現淒厲的貓叫聲，噩夢連綿。託壽山巖觀音寺協助，在破損的牆壁內裡挖出貓骨。原來是與建築工人結怨，遭人作蠱。

貓廟

偷雞播瘟地方鬧 貓妖附乩求建廟

官爺耳目壯似貓 瘟疫止 住民安

貓精竄殿

——動物神獸崇拜

傳說地點

澎湖八罩島

當神明坐鎮於廟中，鬼怪是不敢肆意妄爲進入廟堂，會有鬼怪竄殿，通常在神明不在廟，神明出巡時才有可能發生。還有另一狀態可能發生神明不在廟，讓鬼怪覬覦香火入廟的情形。

神明服務廣大信眾，多少會有心力交疲的時刻，因此，在每年農曆十二月二十四日（俗稱送神日），眾神會打包行李回返天庭，能一直放到大年初四。而地方廟宇也會依神明業務量作斟酌，或者乾脆跟著政府的勞基法走。臺南府城的藥王廟可能是體恤神明，在一例一修修法通過時，在廟門上公告：「本廟遵循勞基法，實施週休二日。」此一特例是不是也在宣告神明太忙碌了，該讓神明放風，好好的休息。好在尚無聽聞藉此趁機入廟的鬼怪鬧事事件。

像神明不在廟裡時，抑或神明外出辦事，出巡辦趴踢，使得廟堂無主，地方精怪就有機會潛入廟中，大亂一番。在澎湖南方的八罩島（望安），有一貓精趁仙史宮廟內神靈外出，進入廟中化身神靈模樣，借乩童假示神意，竊占信眾香火。此舉當然讓廟神氣炸了，收假回府時，祭出油鍋伺候，貓精下了油鍋，劈里啪啦的，一下就消失無蹤。

關鍵字

油炸鬼怪

◎當神明遇上不聽話的鬼怪，在勸說無效的情況之下，便會祭出油鍋伺候，鬼怪們不是嚇得馬上臣服，不然就是被下鍋油炸後灰飛煙滅。在嘉義地區，曾有一黑狗精在地方作亂，由地方人士請來朴子配天宮媽祖坐鎮，黑狗精不服媽祖勸說，狠咬了媽祖一口，還咬斷了媽祖一截手指頭，在勸說無效的情況下，只好祭出油鍋伺候，將找尋到的黑狗遺骨丟下油鍋，黑狗精從此消失，地方恢復安寧。

龍王（四海龍王）

——動物神獸崇拜

傳說地點

臺南市

臺灣人將龍王當作海神，作爲保衛海邦、祈雨的神明。最早的龍王廟建於一七一六年，位於臺南市的東安坊，曾經分靈至全臺沿海地區，如今都已難覓其蹤跡。而元老的安東坊龍王廟在日治時期也遭拆除，廟中這尊四海龍王神像已經移祀到臺南市大天后宮。除了祭祀的四海龍王，關於龍王的崇拜與故事繁多，舉列幾個頗爲特殊的故事：

一、在南投魚池鄉麒麟宮代化堂，有一位信徒在水社大山挖回形似「龍身」的樹根，另一位信徒則夢見了「龍頭」在合歡山山麓，信眾們篤信龍王顯靈，爲此上山尋龍。後來找回了夢中的龍頭，被移回宮中與龍身聚合。

二、何敬堯先生出版的《妖怪臺灣》提到了「木龍傳說」，提及臺灣漁民相信，在海船完工之時，便會有「木龍」之神靈誕生於龍骨之中，每當木龍現身，或者發出如羔羊之聲，則表示船舟將有災難發生。

三、在澎湖地區，每到了農曆十月初十，漁民們會自動休憩一日，原因乃是海中魚蝦群皆在龍宮，幫龍王祝壽，在撈不到魚的這一天，海裡猶如遭到強風「洗港」，又稱此日爲「海龍王洗港日」。

俗諺語

海龍王辭水
假細膩

◎海龍王本來就住在水中，怎麼可能離開水域生活呢？藉此諷喻人想要某事物，表面上卻做推辭。

雷公（雷師）

——動物神獸崇拜

傳說地點

新北市中和區、臺南市、南投縣埔里鎮

新北市中和霹靂宮敬奉五雷元帥，廟碑上記述：「移民來臺的先民靠天生存，以春雷爲天賜，播種耕作，得順利豐收致富。」農民看天吃飯，會觀測天象，感知每一季溫度、雨水的變化，人對雷雨的崇拜更是顯而易見的。有句俗話說：「驚蟄春雷響，農夫閒轉忙。」雷鳴驚醒冬眠的昆蟲與動物們，提醒牠們該外出工作了，播種耕耘的日子來臨了。

由此可見農業社會中，農民對雷公相當崇拜，也逐漸地將雷公神格化。而原本就無形體的雷公，形象非常多元，根據學者的研究指出，雷神形象有豬、龍、蛇、猴、熊等獸形，亦有半人半獸形體。而鳥型是唐代之後才有的，那時的人認爲，雉類能聽到細微之雷聲，會鳴聲呼應；加上佛教傳入中國的畫作「大鵬鳥吃女魃」，讓大鵬鳥化作雷雨神，對抗代表災旱的——女魃，此一說間接的扣緊鳥與雷神的關係，讓鳥喙成爲雷神神像的特徵之一。

臺灣主祀雷神的廟宇有新北市中和的霹靂宮和臺南市風神廟，中部埔里的天雷宮也頗爲知名，廟中雷神的形象均是人身鳥喙或坐或站的樣貌。

俗諺語

雷打秋
晚冬收一半

◎臺灣的稻作一年有兩期收穫，在立秋當日如果打雷，晚冬的二期稻作收成會不好，以減半數量來比喻歉收；而立秋當日如果放晴，稻農們就可以期待稻作的豐收。

牛將軍

——動物神獸崇拜

神明日子

祭祀日－農曆十月二十一日

一六〇三年，明朝陳第追剿倭寇來到臺南、高雄等地，記述當地實景寫下《東番記》，指出臺灣的原住民是不養牛的，牛隻是由外地引入臺灣。荷蘭人在一六二四年來臺，將黃牛引入，還設「牛頭司」，作爲墾地之用。同一時期，杭州普陀山一位和尚釋華佑來到臺灣，他與友人自蘇澳入山，在溪邊捕獲巨牛妖，騎乘這頭能日行三百里的巨牛妖向西南前行，在四十天後抵達嘉義。這位和尚如果不落腳嘉義，再往南行，可能會在臺南遇上鄭成功，或許又會多一個國姓爺收妖的故事！

鄭成功在趕走荷蘭人之後，以臺灣爲據點，移入軍民，其部將葉覲美帶著軍民進入雲林北港，爲了開闢荒地引水灌溉，從福建移入八頭水牛，其一水牛因過度勞累死去，將牠埋在池塘邊。水牛安葬後，靈奇的事情發生，有村民不時會在池塘邊看到水牛，或見成群牛隻，近看又消失無蹤……。某一夜寒冬，村中有一戶人家失火，火勢延燒甚廣，情況危急，深睡的民眾們聽到牛角撞門的聲音，似乎是牛隻前來提醒村民們，得趕緊逃出家門以免受火舌之災，爲感謝水牛的奉獻，村民立廟祭祀。該廟即爲現今的「水牛厝將軍廟」。

關鍵字

人面牛

◎《臺灣日日新報》於一九一三年（大正二年）十二月九日刊載一篇人面畸形牛報導。該報導指出，桃園三角湧（今日三峽一帶）有一水牛產下一人面牛身之小牛，一出世便能口說人話，預言大正三年將有戰亂發生。好巧不巧，在大正三年發生了「六甲起義」事件，難道是神牛預言成眞？

犬公（忠義十九公）

——動物神獸崇拜

神明日子

祭祀日－農曆十月十九日

清朝據臺時期，臺灣知府孫景燧荒廢政局，只顧自己發財，全臺吏治不良，兵丁腐敗，虐政與苛稅讓臺灣人憎惡，人民爲求自保，有一部分人加入天地會與其分支會系，也使得天地會組織在臺灣迅速擴大。清朝懼怕天地會勢力擴大，下令解散組織，逮捕臺灣天地會黨員，妄殺無辜，在多方事件交織之下，迸發林爽文起義抗清。除了諸羅、臺南、鹿港之外，全臺各地被林爽文軍隊攻占，也迫使清廷派出大將來臺。清廷派遣了福康安與海蘭察出征，並在臺灣募集鄉勇，其中有許多泉州人、客家人。清朝利用臺灣族群長久以來的矛盾與衝突，從中挑撥離間，讓臺灣人打臺灣人。

相傳當時支援清軍的諸羅縣民李甲等十八人，爲了想活捉林爽文，追至烏山頭反倒被林爽文軍圍困住，李甲麾下一靈犬，逃奔至府城衙門求助，最終還是晚了一步，援兵抵達時，李甲與其夥伴們全數殉難，靈犬也撞頭自盡與主人們一同殉葬。乾隆聽聞此事，爲獎勵挺清義民抵抗林爽文，將「諸羅」縣改名「嘉義」。

關鍵字

寵物平安燈

◎據說忠義十九公廟對於尋回失物一事相當靈驗，除了物品、汽機車之外，尋找失蹤的毛小孩們也頗爲靈驗，還應信眾請求開設了「寵物平安燈」，燈位有限，應該是相當的熱門呢！

虎爺（下壇將軍）

——動物神獸崇拜

神明日子

生日－農曆六月六日

臺灣的老虎崇拜

今日最受臺灣人喜愛的配祀神非虎爺莫屬！有關虎爺的起源傳說是這樣的。相傳有一將官徵兵，見一老虎通達人性，便將牠帶入軍中；每起兵戎，老虎便隨將官們衝鋒陷陣，被視爲同袍「忠虎」。忠虎在一次戰役中喪命，將官們將牠與王爺、同袍一同祭祀，以褒其靈性。而後被視作王爺的腳力，成爲神明的坐騎。

董芳苑先生有另一推論，他認爲會有虎爺的崇拜與臺灣人的「虎情結」有關。虎是十二生肖之一，也是東方四靈：青龍、白虎、朱雀、玄武之一；民間有老虎的傳說故事、習俗、諺語，如虎姑婆、虎虎生風、虎嘯風生、笑面虎、母老虎……，都是虎情結的心態。而從風水來看，馬祖有虎咬劍、虎牌飾八卦等厭勝物，抑或擋煞、制化路沖角沖的白虎鏡。虎在獸性、人性、神性的矛盾交織下，產生了多重的身分。

多變盡職的虎爺

虎爺多被安置在神桌之下，稱做「下壇將軍」，這可不減祂的威風。虎爺是神明的副將，可以在眾多神明身旁瞧見祂的身影。祂要跟著土地公巡山、爲張天師固守煉丹爐、是武財神趙公明和保生大帝的近衛護將、要幫池府王爺傳令與鎮廟、助城隍爺伏厲鬼，以及作爲媽祖出巡時，開路的吃炮

關鍵字

太白千歲
入錯身

◎在臺南安平區妙壽宮曾發生「神明入錯身」的窘況。一位名爲太白千歲的神明下凡時，因爲入錯身，進入虎爺的神像之中，而該廟的主祀神保生大帝不讓太白千歲離開虎爺像，贈與八卦衣與官印，將之封爲駕前元帥。

虎，要說虎爺是最忙碌的護將一點也不爲過！

虎爺是神明的腳力，得爲神明解決許多雜事，亦會替信眾治病。以前的人們相信，當有小孩得到腮腺炎（俗稱豬頭皮），會到廟內將供奉在虎爺面前的「金白錢」拿來塗抹患處；或者請屬虎之人使用硃砂筆，在患處寫上「虎」字，因相信「虎咬豬頭皮」之說，而有了這樣的民俗療法。除了治病能力，虎爺亦能招財，方法是用自己的銅錢跟虎爺換錢水，據傳可以使財運變好。虎爺這麼全方位，不僅得人疼，升官也是可見的，在新北市八里五福宮的虎爺，升格爲千年天虎爺，被財神爺賜法名採藥童子；也有跟著城隍爺晉升的虎爺。

虎爺也因應時代需求而有了新的身分與樣貌。在宜蘭四結福德廟有一尊「飛天虎爺」，相當的醒目。據媒體報導指出，廟方是認爲傳統的四腳虎爺腳程有限制，爲了滿足新世代網路崛起的信眾，讓服務更快速，更有效率，才決定製作「飛天虎爺」。

二〇一七年底，南部發生一起國寶神像竊盜案，失竊的四尊神明均是三百年以上的國寶級神像，警方爲此成立了「護神專案」來全力偵辦該案件。而學甲警分局有一名賴姓員警參與了「護神專案」，協助破案並找回了這四尊神像（北門南鯤鯓代天府池王爺、開基八三王、六甲赤山龍湖巖騎哮媽、

飛天虎爺

開基老三媽），因過程猶如神助，於是請託佛具行代製虎爺神像，入神後安座南鯤鯓廟九天，再迎請回學甲分局偵查隊。賴姓員警特別爲祂訂製繡有「CID」的神衣、披掛一對手銬，神座上則刻上「南鯤鯓偵查虎爺」。

多變的虎爺不只在廟裡現身，虎爺的故事在民間也赫然精彩！

拆樂童子

神知識

如何跟虎爺求財？

◎要跟虎爺求財之前，記得帶上虎爺喜愛的食物，傳統的祭祀供品爲小三牲：生豬肉、生雞蛋、豆乾（或其他）。入廟時，請先拜廟內眾神，拜過之後，就可以跟虎爺報上姓名、出生年月日、地址，誠心的向虎爺祈念，拿到「錢水」之後，順著香爐過三圈，放入紅包袋就完成求財儀式。

六月

田都元帥

神明別名

雷元帥、相公爺

神明日子

生日－農曆六月十一日

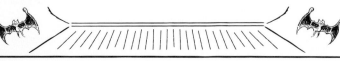

生逢厄　棄田野　蟹吐沫　海青生
天賦走　宮樂管　不啖蟹　敬田都

螃蟹是恩公

田都元帥本名雷海青，他出生時被丟棄在田中，螃蟹爬到他的嘴邊，吐了口沫讓他充飢才得以存活；螃蟹有救命之恩，這也是爲什麼田都元帥神像臉上會有螃蟹圖樣的原因。

田都元帥自小聰穎過人，通曉音律，非常會彈奏琵琶，後來掌管唐朝梨園宮樂，也因此有諸多戲種會祭拜田都元帥，而部分信奉祂的人，有禁吃螃蟹的習俗。彰化鹿港主祀田都元帥的玉渠宮，在門梁上畫了米老鼠、哆啦Ａ夢與海綿寶寶，廟方可能是將虛擬角色也認定爲戲劇從業人員，因而將他們畫上梁柱，或許在不久的將來，也可能看到其他如巧虎、神奇寶貝等角色被畫上廟梁，但此舉恐怕不是人人都能接受。

械鬥武林

敬拜田都元帥的北管西皮派與西秦王爺的北管福祿派，兩派出陣遊行表演時，須派警察維持秩序，從音樂的較勁發展到後來成爲大規模的械鬥，屢因出陣時的拚陣，釀成互鬥的情形，兩方從宜蘭開打，鬥毆事件遍布臺北、基隆、花蓮等地。後來西皮派拉攏官方勢力打壓福祿派，俚語說：「西皮倚官，福祿走入山。」意謂當時福祿派不敵西皮派的情狀。

清代的臺灣械鬥事件可以說遍地開花，除了剛提到職業之間的械鬥，閩粵、漳泉的械鬥也層出不窮，動機從偷農作物、賭博紛爭到搶土地搶生意，械鬥的武器從棍棒刀劍到大砲都有，林林總總的原因不外乎是利益糾葛，造成族群遷移，製造了許多對立、家族仇恨。

俗諺語

金蠅拚海籠仔

◎西皮派譏笑福祿派是沾食腐爛食物的金蠅，福祿派則譏笑西皮派是專吃腐物的海籠仔。

田都元帥

生逢厄
棄田野
蟹吐沫
海青生
天賦走
宮樂管
不吹蟹
敬田都

六月

彭祖

神明別名

籛鏗、養生之神

神明日子

生日－農曆六月十二日

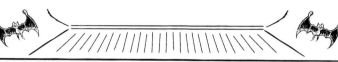

陽壽盡　閻王催
疑八仙　贈年歲
小鬼計　炭白洗
彭祖誇　逮命歸

把炭洗白的小鬼

彭祖一輩子活了八百二十歲，是非常長壽的人。相傳彭祖會活這麼久是因爲禮遇八仙，獲得了八百歲的壽命，自此遊山玩水，愜意的生活著。然而，彭祖本該於二十歲死去，卻遲遲未到地府報到，惹得閻羅王相當生氣，於是派了小鬼四處找尋彭祖。就在六月十二日的這一天，彭祖遇上身著斗篷的兩個人在路邊洗炭，好奇地問：「爲什麼洗炭？」對方回：「爲了把炭洗白。」彭祖笑著說：「我活了八百二十歲，還從沒聽過這麼荒謬的事！」這兩個洗炭人原來是閻王派來的小鬼，知道此人是彭祖，便立即抓回見閻羅王。

彭祖長壽的祕密

彭祖長壽的養生術有三：一、持氣養生，二、服食法，三、房中術。彭祖的養生術源起於「氣」的觀念，他認爲氣存則靈魂在，如何運氣並透過閉息吐納之法來調節身體的機能是非常重要的一項功課。服食法提到彭祖烹調出一碗雉羹（雞湯）獻給堯帝，並推食桂芝（《神農本草經》記載的中藥），由於烹調是透過器皿煮食，比火烤熟食法更爲進步，先進的觀念與高超的廚藝，讓彭祖被推舉爲廚師界的祖師爺。房中術是在推行陰陽二氣合和狀態，也提到節欲保精的觀念。彭祖的養生術可能是東方人發展出氣功、調理機能的飲食文化之緣由。

俗諺語

六月十二　彭祖忌
無風也雨意

◎祭拜彭祖的時候，是颱風來臨的季節，沒有風也會有雨。（二十四節氣諺語）

彭祖

陽壽盡 閻王催 疑八仙 贈年歲

小鬼計 炭白洗 彭祖詫 逮命歸

六月

火德星君

神明別名

火神、火德眞君

神明日子

生日－農曆六月二十三日

熒惑退 心宿二
國必凶 權必移
入礦山 祀火德
人平安 家樂安

人形熟煤

在漢人信仰中，火神指的是南方赤帝、三皇五帝的燧人氏、火德星君，皆是掌管火的神明。火神還有「回祿」、「祝融」、「維淳」之名，但是否皆指同一人，沒有明確的定論。以前的人有「祀火神以禳火災」的觀念，一般民眾早已沒有這樣的習慣，反倒成爲了消防隊的打火兄弟崇敬的神明，有的消防隊員還會請火神分靈回到消防隊，作爲守護神。

臺灣在清代、日治時期，依靠採礦生活的人很多，礦工在進入山中採礦前，會擔憂在礦坑中發生爆炸的意外，因而會拜火神，祈求每天能平安返家。臺北的四獸山一帶，曾有不少礦區，近礦場的山徑上，有諸多火神小廟，但隨著礦業的沒落，這些火神廟也就消失了。

在臺灣，專祀火神的廟宇不多，以臺北市延吉圖書館旁的「臺北火聖廟」最有意思。據廟方指出，該廟前身是有應公廟，廟的兩側有許多煉煤廠，大約在民國三十年前後，有一煉煤廠煉出一塊熟煤，狀如人形，被民眾當作火神來崇拜，用以祈求遠離回祿之災。後來一位陳姓老闆集資建廟，成爲「臺北火聖廟」的前身。而當初的人形煤塊呢？據傳被包覆在火聖廟火德星君神像的肚子裡。

而火聖廟匿名的女義工亦有聽聞此事，沒人見過那顆煤塊究竟是什麼樣子。女義工還提及了火王爺很照顧病患，時不時會巡視鄰近的國泰醫院，給予重病患者力量。

熒惑守心是災星？

火德星君除了掌管火的大小事，也是火星的主人。古人認爲火星熒熒似火，難以捉摸其行蹤，便稱它爲「熒惑」。東方的帝王會崇拜火神，便特別留意火星在天際的位置，如果火星走入天蠍座的心宿二星時，星象官與君王臣子都會很

火德
星君
入礦山祀火德 人平安家樂安

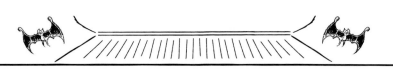

憂心，這是「大人易政，主去其宮」的徵兆，也就是皇帝會失去政權或死亡，國家會發生災禍，此星象稱作「熒惑守心」。

歷史上發生幾次熒惑守心的現象，古帝王還眞的駕崩了，如秦始皇、漢成帝、梁武帝、唐莊宗……，看似靈驗到不得不令人信服的情況，事實上要遇上熒惑守心並不困難。五大行星繞行太陽有一定週期的，火星是一點九年，等於我們每兩年就能在天際看到火星熒熒閃爍！

除了中國帝皇崇拜火神，日本天皇崇拜火神也與維繫政權有關聯。除了神話中的火神迦具土，佛教傳入的不動明王亦被作爲日本的火神崇拜。在平安時代，桓武天皇因爲害怕親王（親弟弟）爭奪帝位，指控親王謀反；親王在被流放的途中絕食而亡。而後，桓武天皇的孩子、老婆、母親相繼死去，使得桓武天皇開始疑神疑鬼，認爲會發生不幸之事，是因爲有亡靈來追討索命，於是大舉遷都到平安京（京都）。據傳平安京東寺內的五大不動明王便是爲了鎮住亡靈而設置。而德川幕府將軍——德川家光——亦有在江戶城內設置五色不動明王像，用以鎮守江戶、祈願政權穩定。

日本百姓也崇拜不動明王，此一慣習也跟著日本人來到臺灣。日本在臺設置的消防隊會供奉不動明王，以防回祿之災。而臺灣的溫泉區，如關子嶺、北投、太魯閣均能尋覓到不動明王廟。在臺北都會區也曾有一尊日治時期消防隊員留下的不動明王神像，由馬偕醫院附近的市警局消防隊接手供奉，因隨著消防隊遷移，不停的流浪。直到民國八十四年臺北市府消防局改制後，將此尊神明請到延吉街的火聖廟中，置於玻璃櫃中。

習俗

送火神

◎臺南將軍鄉苓仔寮過去以棉被產業聞名，有「棉被窟」的稱號。爲了預防火災發生，每年冬至之前，會有送火王的習俗，當科儀結束之後，廟方（保濟宮）會提供黑龜，讓民眾吃得平安。在彰化鹿港亦有送火神的習俗，通常是在火災發生後舉行。兩地送火神習俗會分送黑色的水符給附近民宅張貼，以保平安。

關鍵字

關子嶺火王爺祭

◎臺南白河區關子嶺溫泉有一位守護神稱作「火王爺」，這一位神明並非火德星君，是隨著日本人來臺時引入的「不動明王」。該區域最負盛名的是泥漿溫泉，近年也會固定舉辦火王爺祭典，能看到民眾臉抹溫泉泥漿，以拉「山車」踩街方式來幫「火王爺」過生日。

八寶公主

神明別名

紅毛公主、荷蘭公主

神明日子

祭拜日－農曆七月十五日

巾旗落山風　番災誰之過
銀精鞍丘馬　陣陣嘶嘶聲
寶主海上來　珠衣女魔頭

恆春半島三怪

該地流傳已久的三怪是：落山風、檳榔、民謠〈思想起〉。落山風是村民認定的怪風，讓居民是又愛又恨。相傳鄭成功曾在牡丹鄉石門附近豎起一支風旗，每當風旗飛揚，旗尾所指的番社就會有災害發生。後來鄭軍離去，風旗被帶走，該洞並未填平，便成爲落山風風口，這是恆春第一怪；恆春人愛吃檳榔甚至入菜，被認爲二怪；而民謠〈思想起〉的創作人——陳達坎坷又傳奇的一生，視爲第三怪。三怪中，愛吃檳榔是地方民情、民謠〈思想起〉是追思創作人而寫，非傳說之「怪」，除保留「落山風」一怪，我補充另兩則故事，馬鞍山的「銀錢白馬」與「八寶公主」。

清代，李姓將官帶兵前往牡丹社，途中在山麓休憩，軍馬帶著銀錢，擔憂入山不易行軍，便就地將銀錢埋藏。沒想到回程看見埋藏處被掏空，地方鄉人便傳銀錢變成精，再化作白馬在山區奔跑，嘶嘶聲傳遍鄉野。某日，一鄧姓孤兒在該區挖到李姓將官所埋之銀錢後，白馬便消失在山野之中。當您有機會遠眺這座山時，會發現此山山形如馬鞍，因故稱作「馬鞍山」，這是「銀錢白馬」故事。

清末，相傳一荷蘭籍公主爲找尋愛人來到臺灣，在墾丁南灣觸礁擱淺，被龜仔角部落的原住民殺害，從她身上取走八樣物品：荷蘭木鞋、珍珠項鍊（珍珠衣）、寶石戒指、皮箱、寶石耳墜、羽毛筆、紙、絲綢頭巾，稱之「八寶公主」。傳說中的公主遺骨與船骸木塊被安置在墾丁大灣的萬應公祠，既然是孤芳野鬼，生不明，死無依，坊間對公主的來歷有諸多推測、研討。

有人認爲被原住民殺害的人是一八六七年羅發號美籍的杭特夫人，祠中的骨骸並非荷蘭公主；亦有人說該處本來就多船難發生，可能是在海灣遇難的無主孤魂。八寶公主身上的物品也有傳說，據傳她身穿的珍珠衣被排灣頭目潘阿別拿走後，進貢給明治天皇，換回了一把寶劍。

在二〇〇八年，墾丁社頂發生老婦人在山上走失，狀似發生被魔神仔牽走的事件；而此地不僅此一例。加上社頂陸續有人死亡，讓居民議論紛紛。此事經過媒體渲染，說是八寶公主化身成女魔頭，要索十命才會罷休，爲此說詞，當地居民還舉辦消災的祈福法會。

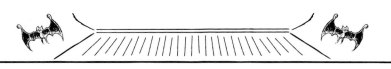

八寶公主從找尋愛人到化身成女魔頭，故事是撲朔迷離，是恆春半島「新三怪」中最令我印象深刻的故事。

異國神明

臺灣的小祠、姑娘廟、有應公廟……等奉祀的孤魂野鬼之中，有爲數不少的「外國人」，這群在臺灣罹難的外地人大致可分作兩個類別：

一、軍警人員，以一次世界大戰或日本殖民臺灣期間死亡的軍警人員所占比例最高。例如：臺南鎮安堂的「飛虎將軍廟」、彰化大城「保義壇忠軍府」、雲林斗南忠義祠的赤星中尉……等。而雲林水林鄉荷蘭社區內有一「綠佑將軍廟」，裡頭奉拜的是一位名爲Leo的荷蘭將軍。

二、對臺灣有貢獻之人，如傳教士與教育人士，他們自外遷入臺灣，在地方奉獻而落葉歸土者，抑或客死異鄉之人。如：嘉義縣東石鄉富安宮供奉的森川清次郎，雖然是一位巡佐，但對地方教育與推動衛生觀念不遺餘力，深受地方人士敬重。而屏東林邊鄉「慈貞宮」裡供奉一位「潘姑娘」，相傳她是荷蘭的女傳教士，其眞實身分與八寶公主同樣成謎，有諸多傳說。

關鍵字

孤魂信仰

◎那些無人埋葬無主的鬼魂，抑或過去因禮俗無法編歸祖墳的女性或難產而死的女性，或因各種意外、遭殺害而死去的人，如無人供奉香火祭祀，會變爲「厲」，在民間作祟。爲了使厲不要作祟，民間會有人爲這些無嗣、無主孤魂立小祠、大衆廟、姑娘廟……等俗稱的「陰廟」，以香火供養的方式使之安息。

八寶公主

木鞋、皮箱、珍珠、瑪瑙、鍊、戒指
寶石耳墜、羽毛筆、紙、銅鏡、巾

巾幗落山風　番仔火佳話過
銀精鞍上馬　陣陣嘶嘶聲
寶生海上來　珠衣女魔頭

七月

西王母

神明別名

瑤池金母、天上王母娘娘

神明日子

臺灣瑤池金母生日－農曆七月十八日
生日－農曆三月三日（道教）

王母瑤池何需分
原形虎豹半獸人
蟠桃助仙長壽力
戴勝玄機費猜疑
有說頭盔繫星際
外星波勝衆神明

西王母是帶著天線頭盔的半獸人

西王母又稱作王母娘娘、瑤池金母、仙母、母娘。有關西王母，最早的記載可能來自《卜辭》。《卜辭》是巫師占卜時，在龜甲、獸骨上鑿鑽的幾何圖形，用以記錄或分析神諭。《卜辭》記載「東母」、「西母」的祭祀；是古人對太陽神、月神的崇拜。

巫師將日昇日落的過程當作生命的誕生與消逝，其所付諸行動的崇拜儀式被認爲擁有死而復生的力量，雖然學者們尚未證實西母即爲西王母，但追溯西王母傳說的發展，神格化的過程，西王母與巫、圖騰、生死均脫離不了關係。

在殷商的《卜辭》之後，《山海經》有三則關於西王母的描繪，特徵是「戴勝」、「虎齒」、「豹尾」、「善嘯」，並提到祂是掌管災難、病疾的半獸神人。而其中有關「戴勝」的討論蠻有趣的，有學者推測，戴勝是髻髮上的玉石；另有西王母是鱷魚女神之說，戴勝像是鱷魚頭上隆起的塊粒；更有西王母是外星人的說法，戴勝是頭盔上的天線裝置，目的可用來做星際聯繫……。我將《山海經》西王母圖、東漢的西王母畫像、上述象徵物重整，融合臺灣王母娘娘神像特徵後完成這張作品，西王母的繪像是不是多了更多的想像空間？

契子佈教

西王母的信仰在二戰戰後於臺灣發跡，源自一位林女思念亡夫，請算命仙進行觀落陰，西王母突然附身於觀禮的房客蘇烈東身上，自此之後，蘇烈東成爲西王母神靈的代言人。於是信衆在花蓮吉安鄉成立「勝安宮」作爲信仰中心，

西王母

該宮收了五十一名契子女，之後因爲契子們意見分歧，一分爲二，在勝安宮一旁另立「慈惠堂」。兩方對西王母稱呼不同，慈惠堂稱西王母爲「瑤池金母」，勝安宮則稱「天上王母娘娘」。

坊間有流傳西王母救難的神蹟。在花蓮有一位以炸油條爲生的葉姓女子得了怪病，瑤池金母下降賜爐丹供服下，怪病就此痊癒。民國五十八年，有一小學生王藤於畢業旅行行經清水斷崖，司機與對向車輛會車時，右後輪懸於崖邊，王藤急誦《金母解脫眞經》，使汽車平穩駛回道路，化解危難。以上故事記載於《瑤池金母顯化感應篇》，是金母契子姜憲燈編撰。

王母娘娘的仙桃

《西遊記》中王母娘娘的蟠桃園有數千棵仙桃樹，但每三千年才結一次果實，要達六千年的時光才會成熟。天上的眾神仙無不期待蟠桃成熟時，能在西王母誕辰之日受邀出席蟠桃會，好好享受！

蟠桃會眾仙雲集，但想想如玉皇大帝、太上老君此等在傳說中與天齊壽的神仙，恐怕是不需要啖食仙桃增壽，此會應該是聚會交誼用。而小神們可就趨之若鶩，像沙悟淨這樣的小神將可能是太過緊張，還沒享受到仙桃就先弄破了王母娘娘的珍貴器皿「玻璃盞」；而天蓬元帥也犯了大忌，調戲了王母娘娘的仙女，玉帝可氣得發落兩人到眾神最不想去的人間，兩仙除了被痛扁之外，天蓬元帥還入錯身，變成了豬八戒。

自號「齊天大聖」的孫悟空也曾鬧過蟠桃園，因監守自盜豪食仙桃，惹怒了天庭的玉皇大帝，請來如來佛祖壓制潑猴在五指牢中，吃仙桃對小仙將來說代價挺大的，孫悟空最後還讓唐僧繫上金箍，傷情賣命。

猜謎

王母娘娘　猜臺灣一地名？

（答案：天母）

關鍵字

壽桃

◎壽桃怎麼來的？有兩個傳說。在《漢武帝內傳》記載，西王母帶著蟠桃贈與漢武帝，傳說吃一顆能延壽三千年，自此人們便取贈「桃」有延壽的寓意，在長輩生日時擺上「壽桃」祝壽。另一說法是戰國時期的鬼谷子送給孫臏的母親一顆桃子祝壽，孫臏母親因食用後，除皺又長黑髮，此事傳了出去，大家便以麵粉做成桃子，爲父母祝壽。

太歲星君

神明別名

甲子金辨大將軍、殷郊元帥

神明日子

生日－農曆七月十九日

妲己害　郊母亡
兄弟進　紂王伐
廣德豆　成仙將
此乃太歲眞星君
妲己魅　國事荒
楊任諫　雙目剜
金丹敷　長瞳手
天干地支歲星首

太歲星神的歹命身世

甲子金辨大將軍是歲星神格化而來，相貌魔異，最大特徵是雙瞳長出雙手，看過很難忘掉的。甲子金辨大將軍融合了《封神演義》的楊任與明代僉部御史金辨，才成了現在所看到的甲子金辨大將軍。

太歲被神格化約莫是在東漢時期，最早的太歲神不是楊任，而是南宋道教經書提到的殷郊元帥。殷郊元帥貌如孩童，青面著紅裙，項戴九骷髏，能降瘟、斬妖與祈雨，是北極紫微大帝座前大將。在《封神演義》中，殷郊元帥成爲紂王的大兒子，因爲妲己害死他的母親，盛怒之下欲殺妲己，惹怒了紂王，紂王不顧親情，派將追殺殷郊。而後殷郊被方弼所救，拜廣德子爲師，吃了仙豆成爲三頭六臂的神將。

另一位太歲神是《封神演義》裡紂王的士大夫楊任，他見紂王爲寵愛妲己，勞民傷財大築鹿臺，便進諫紂王。紂王不顧君臣多年情誼，派人剜去楊任雙眼，棄屍荒徑。後來道德星君救了他，另以金丹治眼，使其目瞳長手。楊任死後投胎成爲明代僉部御史金辨，太歲星神才有「甲子金辨大將軍」的稱號。

現在臺灣看到的太歲神，分做六十尊，是出自清代柳守元扶鸞造經之書，他將殷商時代到明代的武將、文官、孝子入天干地支六十甲子，將太歲化作六十値年太歲，並給予名諱，也就成了現在臺灣廟宇中，太歲殿供奉六十尊太歲神的奇景。

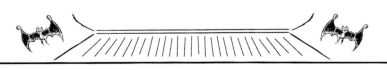

太歲是一塊肉！

每當天上的太歲（木星）運行時，在地球上，其對應方位的地下會長出一塊肉狀的怪體，相傳它就是太歲在人間的化身。而會有「犯太歲」的說法，是當歲星進入你所屬的十二地支生肖，會產生「直沖」現象，驚擾了太歲，這時需要用民俗的思維來化解，用「安太歲」的方式來解厄消災。

我們回到剛剛那塊肉狀的怪體，來說說太歲爲何是肉妖。古籍《山海經》中，將太歲稱爲「肉芫」和「視肉」，是有眼無胃的怪物。晉代學者郭璞對「視肉」做出解釋：「聚肉形，如牛肝，有兩目。食之無盡，尋復更生如故。」可見太歲被視長有雙目，能食，且生生不息的怪物。而唐代《臨海異物誌》稱其爲「土肉」，色黑，形體大小如一歲前後的小兒，腹部長有三十隻腳。

到了明代，應該是有人克服了恐懼，嘗過了太歲，讓這塊肉變成了補品。《本草綱目》列舉以「芫」爲藥的配方，提到食用肉芫的效力：「久食，輕身不老，延年神仙。」一塊肉從天文到能入食延年益壽，有如此玄奇之事，可被小說家、作家當成了故事的素材，如《封神演義》的哪吒出身是一塊肉球；《三教源流搜神大全》中，殷郊元帥出生時，也是一顆肉球！

俗諺語

太歲當頭坐　無喜必有禍

◎本命年如果犯沖太歲，命運可能會不順遂，容易發生凶災。

別在太歲頭上動土

◎用作比喻不要觸犯有權勢或凶惡之人。

關鍵字

光明燈

◎在春節正月期間，有民眾會到廟中爲自己點光明燈，或因犯太歲，點光明燈以求平安。廟中的光明燈種類繁多，最常見的燈別有「姻緣燈」、「財神燈」、「文昌燈」、「藥師燈」、「平安燈」等，廟宇點燈有時會受到景氣影響，也需要新點子刺激民眾入廟點燈，近年也有廟方提供網路點燈服務，或虛擬光明燈服務。

妲己害郊母之
兄弟進紂王伐
廣得豆破仙將
此乃太歲真星君

妲己魅國事荒
楊任練雙目劍
金丹救長瞳手
天干地支歲星首

七月

法主公

神明別名

法主眞君

神明日子

生日－農曆七月二十三日

十牛洞
蛇精出
降伏千年妖
茶商渡
商人募
蓋廟保安康

蛇精剋星

法主公源自福建永春，相傳是宋朝張姓道士，在世法術高強，能除妖伏魔，至於法主公是一人還是三人，眾說紛紜。法主公的傳說：講述一洞窟內有蛇精作亂，要男女童獻祭，張姓道士與另兩位結拜兄弟入洞伏妖，收伏蛇精後在洞中消失無蹤，民眾就在此洞窟中建廟供奉祂們；這是爲什麼法主公神像的肩背、手上會有蛇纏繞著的原因。清朝光緒十九年，安溪茶商陳基愈，將法主公香火帶回臺灣，後來茶商一起出錢在大稻埕蓋了第一間「法主公廟」。每年農曆九月二十三日舉辦「大龜會」，信徒會來這裡跟法主公乞紅龜粿求平安。

愛吃紅龜粿的法主公

相傳法主公曾被五通鬼困在石壺洞（又稱困仙洞），五通鬼偷了廟裡的紅龜粿在洞外狂歡，被困於洞中飢餓的法主公喃喃說著：「我不怕水、不怕火，就怕紅龜粿黏到身上脫不了身。」五通鬼信以爲眞，拿起紅龜粿往洞中擲向法主公。法主公因而飽餐一頓，有氣力念咒，召喚結拜兄弟前來助陣，制伏了五通鬼。這也是爲什麼祭拜法主公一定要供奉紅龜粿的原因。

關鍵字

龜上壁

◎大稻埕的法主公廟有乞龜求平安的科儀，隔年要依前一年乞龜的數量加倍奉還。滿三年沒有還願者，廟方會將名字寫在紙上貼廟牆，俗稱龜上壁。

法主公
十牛洞
蛇精出
降伏千年妖
护茶商渡
商人募
蓋廟保安康

七月

地藏王菩薩

神明別名

地藏王、幽冥教主

神明日子

生日－農曆七月最後一天，小月二十九日，大月三十日。

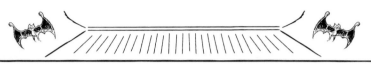

母落難　光目修　墜落因果輪迴獄
衆生苦　光目淚　地獄不空不成佛

孝女成地藏王菩薩

相傳地藏王菩薩生前是一名爲「光目」的女子。她的母親犯了過錯，落入地獄，爲了救母，光目透過一羅漢尊者幫忙，潛心修佛獲得諸多的福報，讓光目的母親得以投胎，轉世成了光目婢女的孩子。這個孩子一出生不到三日便開口：「我前世因殺生、謗佛墮入地獄，託您供佛的福報讓我能投胎做人。但我還是一罪障深惡之人，一世只有十三年壽命，死後會再墮入惡道中受苦。」光目泣不成聲，向佛祈懺：「十方諸佛，請憐憫我的母親，我發願自今以後，我要救濟、超度眾生，讓他們脫離地獄、餓鬼、畜生等三惡道。不僅如此，還要使眾生成佛，我最後證菩提而成佛。」看過這個故事再回頭看地藏王菩薩的名字，梵語稱「乞叉底蘖婆」，意思是埋藏於地中的寶藏，字義亦有「胎」、「子宮」的意思。

亡靈之王幽冥教主

在臺灣的民間信仰之中，佛系地藏王菩薩被視爲有著閻羅王與酆都大帝的職能，掌管著十殿陰府，稱作「幽冥教主」。身旁還有一神獸，也是他的坐騎，稱做「諦聽」，是一隻有智慧的獨角犬獸。地藏王菩薩既然是「幽冥教主」，工作肯定吃重，民間亦有活動能爲地藏王菩薩分憂。新竹、嘉義的都城隍有一「城隍爺放，地藏王收」的傳統，意思是城隍爺開門讓陰間的好兄弟回到人間享用祭品，再由地藏王菩薩關鬼門。一旦祭祀人多，會有「分區輪普」的做法。早年，彰化鹿港有分區輪普的習俗，現在已改在農曆七月十五日一同普度。

關鍵字

地獄不空誓不成佛

◎地藏王菩薩曾發此願，其神格特性與地府亡魂共存，而佛教、道教均有十殿，祂的神職便在十殿陰府救度衆生。在道教的廟宇中，時常會見到祂與城隍爺、閻羅王、酆都大帝一同被奉祀。而地方的孤魂野鬼所葬之墳塚、有應公祠／廟、大衆爺祠／廟都有機會見到地藏王菩薩的神像。

地藏王菩薩

毋路難
尖目僧
墜路因界輪迴獄
衆生一苦
尖目淚
地獄不空不成佛

八月

月下老人

神明別名

月老

神明日子

生日－農曆八月十五日

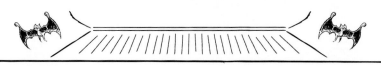

七娘編成冊
緣分月老牽
佳偶千里招
紅線繫姻緣

小說裡的角色變成了神明

月老最早出自唐朝李復言《續幽怪談》小說中一篇章〈定婚店〉，內容寫到月光之下有一老人手持一本記載天下人姻緣歸屬的鴛鴦譜，揭曉了月下老人譜姻緣的傳說。鍾華操的《臺灣地區神明的由來》有提到月老住在三生洞裡，以紅繩繫住孩子的腳，一對一對的讓他們出生，等到結婚的年紀，才將紅繩拉合，使他們結爲夫妻。如果要跟月老求姻緣，可以跟廟方購得或自備紅線鉛錢組，使用鉛錢的原因是「鉛」和「緣」的臺語同音，在完成姻緣祭拜儀式之後，再將紅線鉛錢組收在皮夾或皮包保存，這樣就完成了求取姻緣的儀式。

月老廟的業績

根據各個廟方統計，中壢的月老宮開廟至今十四年，成功配對破萬對佳偶，等於一個月促成六十對佳偶，這已經是姻緣配對績效極佳的月老廟。然而，據台北霞海城隍廟統計，民國八十九年至一百年期間，共有五萬八千二百零七對已經訂婚或結婚，也就是一個月促成近四百五十對佳偶，二〇一四年、二〇一六年台北霞海城隍廟的月老還出差到日本沖繩、靜岡，替當地信徒牽紅線。

俗諺語

姻緣天注定
不是媒人腳賢行

◎姻緣是天注定，不是媒人可勉強撮合的。

月老

七娘編成冊
緣分月老牽
佳偶千里指
紅線繫姻緣

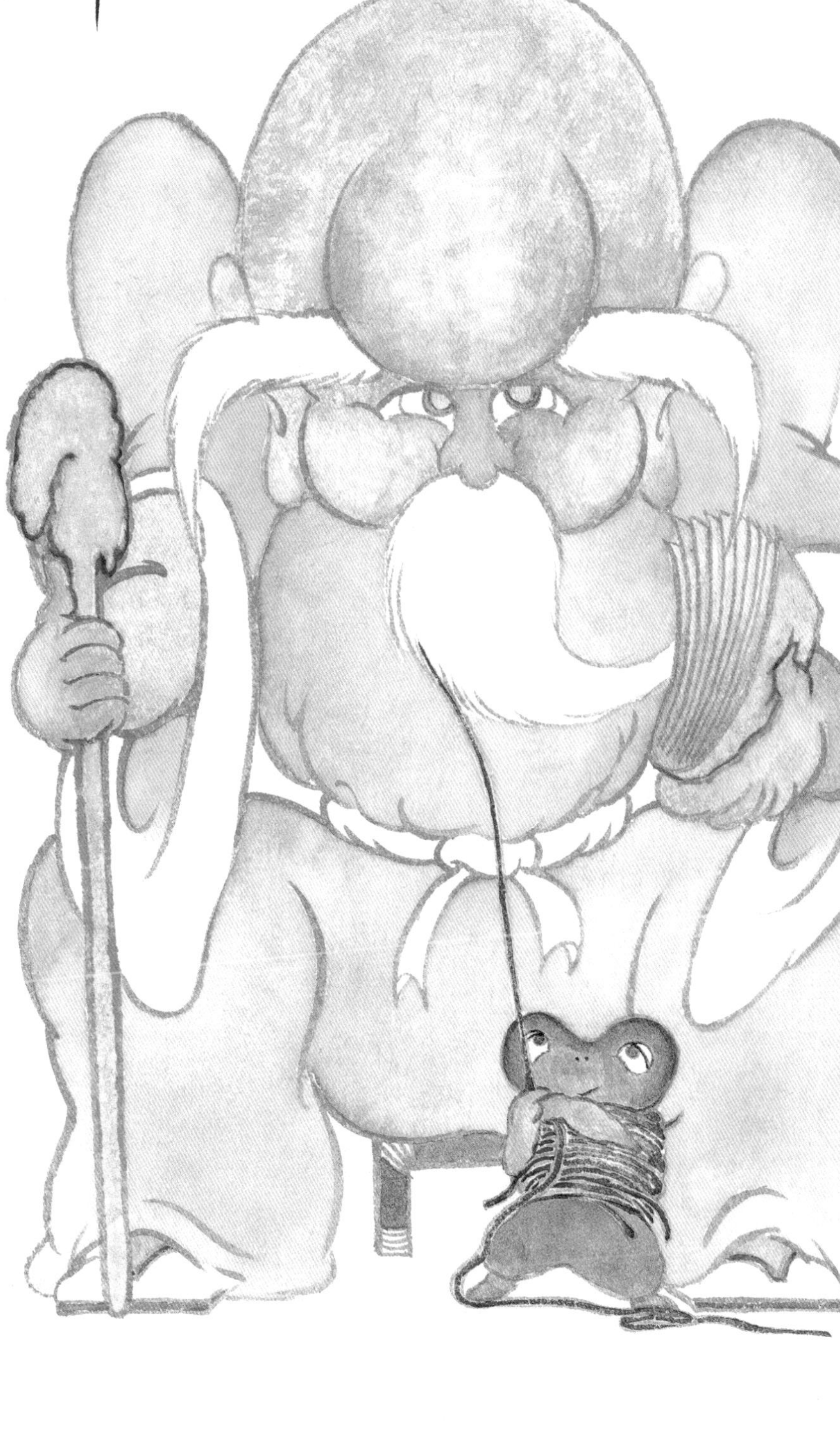

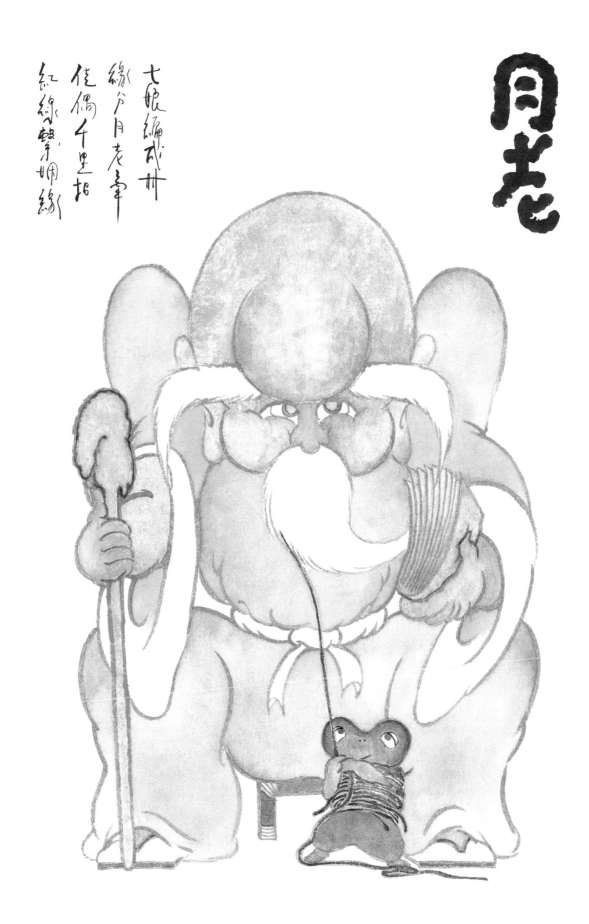

八月

土地公

神明別名

后土神、福德公

神明日子

生日－農曆二月二日
農曆八月十五日（註）

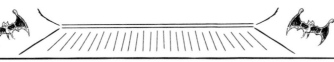

椅上財神爺
山中虎爲伴
社稷后土斯爲命
做牙新春來造福

全臺最受歡迎的神明

人們居住於土地上，有五穀才能生活，爲了感謝這樣的恩德，就把土地神格化，爲祂建廟而有了祭拜土地公的習俗；而我們會把守墓的土地公稱爲后土，所以土地公又有「后土神」的稱呼。俚語說：「田頭田尾土地公」，得罪土地公絕不是明智之舉，更何況臺灣的土地公廟高達二〇四七間，四處都是土地公的分身。畫中的土地公騎著一隻老虎，又稱作虎爺，民間有一說法：「土地公無書號，虎不敢咬人。」土地公身邊除了虎爺，也會配祀土地婆。

◎老虎在神明圈非常受寵，除了土地公，保生大帝、張天師、武財神趙公明、騎虎尊王、城隍爺腳下都有祂的身影。

鯉魚伯公

臺中東勢的客家人稱土地公爲「鯉魚伯公」，跟福德正神一樣，都是人對自然的崇拜。東勢客家人祀奉的伯公是一對鯉魚，相傳在東勢的大甲溪，有兩尾紅鯉魚被外國人取走，之後發生了河水倒灌，河岸兩邊的護欄毀損，爲了修補風水，鄉民就用石塊砌建堤防；石塊櫛比鱗次，與鯉魚的鱗片相似，就地蓋了鯉魚伯公廟，也是當地的土地祠，現稱爲永安宮。

註：有關土地公的生日，民間傳說有兩天，分別爲農曆二月二日和八月十五日。

關鍵字

做牙

◎古代軍營的大旗上會用象牙做裝飾，因此軍旗又稱作「牙旗」，相傳做牙的習俗來自古代出兵的「祭旗」禮。到了宋朝，爲了善待收入微薄的軍人，在初二、十六分食祭旗（或祭神）的水煮肉，稱爲「打牙祭」，而後慢慢演變成民間及商場上的「牙祭」。在臺灣的公司行號有習慣在初二、十六祭拜土地公，就稱作「做牙」。

后土神
社神
五穀神
后土神
社稷神
土地神
椅上財神冬節
山中虎爲伴
社稷后土其爲命
做牙祈春耕
進福

八月

廣澤尊王

主富貴　命師嘆無情
牧童貧　禮待款款情
賞牧童　點龍穴
父母骨　撒羊圈
異象起　莫駐留
飛鳳山　立成仙

牧童成仙人

廣澤尊王自小貧苦，在陳家做牧童。陳家主人對牧童吝嗇，對請來找尋龍穴的地理師也相當刻薄。地理師見陳家主人瘠人肥己，轉而將龍穴位置告訴小牧童：「將你父母的骨灰撒入這片圈羊地，此地即爲龍脈吉墳。」又問：「想當王？還是當仙人？」牧童回答：「成仙。」於是地理師指引牧童「往飛鳳山走，沿途會遇上牛騎人、戴銅帽的人、魚上樹、水變紅等異象都不可停留，一路往山頂走……」小牧童聽從指示，最後爬上飛鳳山的一塊大磐石，便就地成仙了。

碗公的由來

廣澤尊王成仙後，某日在廟裡來一黃氏婦人進香，不禁脫口而出：「尊王，可惜祢是神啊不是人，若是人，我願將我的女兒依娘許配給你。」隔日，依娘在溪邊洗衣服，看見逆流而來的小盒子，推開了卻又漂了回來……心有疑念的依娘將此事告訴母親，母親囑咐女兒再遇上此事，就拾起小盒；未料原來這是尊王送來的定情信物，迎娶的花轎入廟之後，依娘就坐化於尊王之側。父親不捨女兒嫁給神明，施術以大水淹廟，尊王的護將黃太尉擲碗退水，解除了水患，爲感謝其恩，居民們尊稱黃太尉爲「碗公」。

神明別名

保安尊王、翹腳王

神明日子

生日－農曆八月二十二日
得道日－農曆二月二十二日

關鍵字

四太保

◎在臺南南勢街西羅殿所祀奉的廣澤尊王與十三太保在地方赫赫有名，其中以四太保最爲傳奇。四太保是廣澤尊王與妙應仙妃的第四個兒子，據聞，若其他幾位太保遇到不聽話的陰魂、鬼怪，在勸說無用的情況下會威吒：「抓回去給四太保發落」，只要撂出這句話，幾乎所有的陰魂厲鬼都會乖乖投降。

廣澤尊王

主富貴
命師嘆無情
牧童是貧
禮待款款情
賞牧童點龍穴
父母骨撒羊圈
黑象起 莫駐留
飛鳳山 立成仙

八月

囝仔公

神明別名

萬善爺

神明日子

生日－農曆八月二十四日

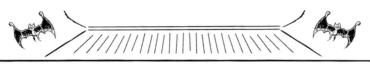

榛榔山　寶穴洞　人搶神爭爲財名
銅針入　銅錢孔　衆神難辨誰先後
五王威　神童嗆　神兵鬼將聲淒厲
小廟進　大廟出　共享香火譜傳奇

最嗆神童——囝仔公

在臺南沿海小小的沙汕之地，有一齣神明爭地的故事。

在臺南市西北，有一遍布榛榔樹之地，此區本爲一片荒塚，相傳一位林姓牧童因父母雙亡，牧牛於此。某日，暴雨傾盆而下，牧童躲入一荊棘林，眼前空地恍若異界，滴水不入。於是他入地靜坐，在這一塊風水寶地修成正果，得道歸天。這一位牧童，正是南鯤鯓萬善堂內的「囝仔公」。

風水寶地人人搶，神明也不例外。在一八一七年前後，五王看上了榛榔山這塊地，便來此要占地立廟，囝仔公先來此，理直氣壯向五王抗議：「此地乃我生前所有，埋有銅針爲證！」五王聽了非常生氣回駁：「此地是我們五兄弟渡海前即看中的寶穴，已埋有一銅錢爲標記！」雙方僵持不下，找土地公當場掘地勘查，而土地公發現了銅針插在銅錢裡，誰是誰非無法判別，只能搖頭離去。

五王硬是要奪地，囝仔公提嗆武決，雙方爲爭地互不相讓。五王請神兵相助，囝仔公要一打五，便廣招陰兵鬼將，兩方大戰數回，難分軒輊。據廟方人員指出，兵器廝殺的交鳴聲淒厲，此事鬧得沸沸揚揚，是五王廟這一帶信衆都知道的事。後來赤山巖的觀音大士出來調解，衆神與囝仔公交議後決定：「五王蓋大廟，囝仔公蓋小廟，到大廟（南鯤鯓代天府）進香，必先到小廟（萬善堂）敬獻，兩方共享人間的香火。」兩方大戰是否有跡可循？據說廟中三王頭上有一條疤，那是五王們與囝仔公大戰的證明。

俗諺語

摸你旗魚頭乎你好彩頭、摸你旗魚肚乎你載滿肚、摸你旗魚尾乎你抓通尾

◎臺東成功鎮成功漁港旁有主祀萬善爺的廟宇，在二〇〇〇年時，該廟廟婆曾夢見萬善爺指示某一海域有魚群出沒，漁民們順著指示前往捕撈，滿載而歸。爲答謝萬善爺，委請木雕師雕刻一木雕「旗魚神」，安置在廟前，供信徒膜拜。據說摸該神像會帶來好運，有流傳此一俗諺語。

囝仔心

撈擲出 鑽入銅
人搶神無爭財氣
銅十入銅錢子
罪神雄辩難挽挨
玉生威神童唸
神兵鬼將嚴導厝
小廟進大廟出
共享香火齊傳奇

九月

哪吒三太子

神明別名

太子爺、囝仔神

神明日子

生日－農曆九月九日

火輪飆　舞尖槍
東海龍王泣斷腸
還骨肉　蓮花護
太乙眞人助封神

哪吒三太子

在佛教的故事中，哪吒是法力高強的護法神，與民間故事融合後，成爲了如來佛的弟子，因爲打死了龍王的兒子，深怕波及親人，「削骨還父、割肉還母」而死。如來佛相當同情哪吒的遭遇，用蓮花幫祂化體，讓哪吒修成正果。道教中的哪吒便成了玉皇大帝的神將，同樣法術高強，擒龍降魔，是鎭守天門的神將。

而後《封神演義》給哪吒威風的兵器，火尖槍，風火輪，成爲掌管五營的中營神將。哪吒是臺灣人非常喜愛的神明，信眾爲了討祂歡心，會搬出各式敬神玩具，如奶嘴、陀螺、汽車模型、彈珠、棒棒糖等，希望能得到這位囝仔神的保佑。

顯靈阻止原住民出草的太子爺

清光緒年間，有天夜裡泰雅族向七份莊的村民（臺中新社）出草，七份莊的太子爺顯靈將出草的原住民推入大魚池，莊裡的居民聞訊後，趕往太子爺神壇，只見太子爺神像汗流滿面，莊民見狀伏謝太子爺顯靈。爾後，泰雅族領區便流傳著：「七份莊有一個小孩很凶悍，將我們出草的弟兄推進大水池裡，然後腳踩一顆球，往天上飛去，消失無蹤。」五洲園掌中劇還將此故事改編，想藉由戲劇來化解客家人與原住民的恩怨。

俗諺語

三頭六臂擎天地
忿怒那吒撲帝鍾

◎資料有說哪吒是三頭八臂亦有說三頭六臂，本語出自宋・釋道原《景德傳燈錄》卷十三，文中寫的三頭六臂是指某一天神的法相，可用做比喻神通廣大，本領高強。

哪吒
三太子
火輪飆舞尖槍
東海龍王泣斷腸
還骨肉蓮花護
太乙真人助封神

十月

達摩祖師

神明別名

達摩、菩提達摩

神明日子

生日－農曆十月十五日

一葦渡江　北少林
壁觀坐禪　易筋經
達摩拳風　北港技
老塗獅　弄獅陣　六尺四　武功散

達摩拳與北港六尺四

達摩出生於西元三八二年，是天竺人，亦有說是波斯人，是五代梁朝時，從印度到中國傳教的梵僧，而後成爲漢傳佛教禪宗初祖。相傳他與梁武帝在佛法上理念不合，離開了梁朝，往北行走。在江河岸邊跟收捆蘆葦的婆婆借了蘆葦草，放河漂流，雙腳一蹬，踩上蘆葦草，就這麼渡過江河。

達摩北行來到嵩山少林寺，相傳在五乳峰的石洞裏盤膝面壁而坐，以眼觀鼻面壁修行，此一「壁觀坐禪」經後人描繪，成就了許多經典的藝術繪畫。在少林寺期間，他留下了《易筋經》，成爲少林子弟強身健體之書，也因爲這本書，達摩成爲習武之人崇拜的對象。

達摩是否眞有輕功應該是無本可考，倒是「一葦渡江」的傳奇故事使習武之人爲之嚮往，而《易筋經》強調「練氣」達到「內壯」，該書以體操方法來練氣，讓氣順來保持健康長壽。因此《易筋經》非武術招法之書，是強身健體之書。小說家金庸寫了《神雕俠侶》和《倚天屠龍記》，故事裡杜撰了一本《九陽眞經》用以對剋《易筋經》，把《易筋經》描繪成少林寺中，殿堂等級的神功祕笈。此舉等於又幫《易筋經》推了一把，讓習武之人多少有聽聞過此書，也有些影響力，在小說家與藝術家眼裡，達摩的故事眞如同瑰寶一般。

達摩在臺灣頗有影響力，除了畫家喜愛畫達摩，木雕工藝師也常以達摩爲型，創作出精彩的作品。有「拳頭窟」稱號，武風鼎盛的北港，有兩家赫赫有名的「德義堂」與「勤習堂」，均有習練達摩拳。其中勤習堂創辦人黃清塗將武學融入獅陣，將弄獅的民俗技藝深化，而拜黃清塗爲師的陳政行也相當出名，以金鐘罩、鐵布衫的功夫紅遍全臺，還有令五、六年級印象深刻的徒手定舉成人、讓滿載乘客的大客車輾過腹部的奇技。這位陳姓拳師綽號「北港六尺四」，還代

達
一葦渡江北少林
壁觀坐禪易筋經
達摩拳風北腿技
老塗獅弄獅陣
六尺四武功散
摩

言成藥「七厘武功散」成爲家喻戶曉的明星，是五六年級生都知道的的電視廣告紅人。達摩應該沒有想過，他的強身健體之書對後人有這般影響！

茶葉是達摩的眼瞼？

相傳達摩離開家鄉進了中國，在少林寺「壁觀坐禪」期間，因疲勞的緣故，眼皮會不自覺闔上，影響修行。達摩坐禪的要求頗高，某日，達摩精神不濟，闔上了雙眼，盛怒之下，割去雙眼眼瞼，眼瞼落地化成種子，長出一棵矮樹。歷經幾年，達摩又睡意來襲，便將矮樹樹葉捻來咀嚼，食後意志清晰，精神爲之振奮，得以完成九年禪坐。

除了達摩眼皮變的茶樹的葉子，可提振精神外。因不少達摩弟子長坐導致肢體麻困，活動不便，達摩爲提振弟子入座精神，逐步發展出健身的氣功，稱作「十八羅漢手」，用以舒展筋骨。

日本達摩不倒翁

唐代《唐摭言》提到了一個酒器，稱作「捕醉仙」或稱作「酒胡子」，器型狀似不倒翁，是一個勸酒的工具，可能是不倒翁最早的原型。日本的古書《倭名燈聚鈔》亦有相似記載。

達摩所創立的禪宗，約莫在鎌倉時代傳入日本，到了室町時代出現了「不倒翁」的玩具，當時並沒有達摩樣貌的款式，一直到了江戶時代，出現了以達摩打坐爲造型的不倒翁。後來，日本人將達摩不倒翁起名爲「だるま」，「だるま」就變成了不倒翁的代名詞。

而爲何達摩不倒翁沒有手腳呢？達摩祖師在少林寺坐禪長達九年，四肢萎縮，期間悟透佛法，意志力堅強如不倒翁！日本的萬代玩具的公仔中以萬代達摩 BANDAI DARUMA 最爲出名，也製作了數款達摩祖師的版本。

關鍵字

達摩蘭

◎民國六十至七十年代，臺灣的經濟起飛，一群用錢養閑趣的人，造就了花藝奇聞。臺灣素有蘭花王國的美名，原生國蘭品種甚多，以「達摩蘭」最具代表性。爲什麼呢？早期欣賞蘭花以花的姿態、香氣爲主，葉片的變化少，讓「葉藝」獨特的達摩蘭有機會秀身段。據說名爲「冠藝」的達摩蘭曾被炒作到一株一千七百多萬，此現象也只有在錢淹腳目的時代才看得到吧！

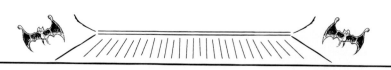

十月

青山王

神明別名

靈安尊王

神明日子

生日－農曆十月二十三日

青山出巡 瘟邪避退

除疫鬼之王

三國時期孫權的部將張悃，駐守惠安，死後葬於惠安南方的青山。由於時常顯靈，作爲神明供奉，被稱作「青山靈安尊王」，臺灣人慣稱爲「青山王」。在清朝，泉州人爲了橫渡臺灣海峽黑水溝，在木造船上安置壓艙石穩定船身，並攜帶觀音、媽祖、靈安尊王來臺，希望航程平安能得到神明庇蔭。在一八五〇年前後，相傳在艋舺祖師廟草店尾一戶商行內有一隻蟾蜍精作亂，瘟疫四起，青山王行轎至此，將蟾蜍精封印在古井裡，平定疫情後，民衆在此建廟，是青山宮的前身。網路上流傳，該古井位於貴陽街二段某處，似乎沒有明確據點。筆者在「艋舺拚場」活動中與青山宮代表詢問傳說中蟾蜍精的古井在哪？他們回答：「該古井被封起來了，位置就在青山王的神明桌下。」我又續問：「那青山王立廟於現址是因爲要壓制蟾蜍精嗎？」此時，代表們欲言又止，禮貌性的點頭後離去，當年的傳說是眞是假？眞令人玩味！

酒家女的守護神

臺北市西園路至環河南路之間，曾經是萬華區著名的聲色場所，也就是寶斗里，根據地方傳聞，曾有酒家女在臺北艋舺青山宮攬客時，撞見宮裡顯靈的七爺、八爺，似乎在告誡酒家女要多加留意自身安全。當地的酒家女都有拜奉青山王的習俗，希望祂能保佑她們不會因爲工作而染上病疾。走進青山宮，在左側石牆上有一塊銘雕寫著：「龍遊酒家，女給一同敬奉。」酒家女也藉著捐贈薪俸，資助廟方修繕廟宇，來感謝青山王。

關鍵字

吃拜拜

◎在青山王聖誕的這一天，人們在騎樓、路邊會準備供品上神案，也會辦桌（流水宴）請親友、客人「吃拜拜」，據「台北城市散步」網站網站執行長——邱翊指出，此一習俗今日已不存在。

艋舺
青
瘟邪避退
青山出巡

器物崇拜

灶神（灶君）／燈鉤神（燈猴）／爐公／籃仔姑／掃帚神／子孫桶／鐵嘴將軍

灶神（灶君）

——器物崇拜

神明別名

司命眞君、灶王

神明日子

生日－農曆八月三日

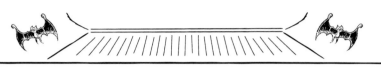

敬送灶君上青天
壯馬草料飴糖宴
一路順風進好言

灶神的演變

「灶」在現代社會中已經是傳統民宅中的古董，古早時的「灶腳」變成了「廚房」，其共通之處是「火」。灶神與火是緊密的相扣在一起的，道教稱祂爲「司命眞君」，其中「司命」是《九歌》提到的星宿，主生死、壽命。灶神又稱「灶君」，在神格化的過程中，有說灶君是男神，亦有女神的說法，也有傳說提到灶君是玉皇大帝的第三子，現今灶君幾乎是以男性的形象爲主。灶君的職能是在人間考察一家人之善惡，此一日夜堅守的工作肯定煩苦，爲感謝灶君，民眾會在十二月二十四日「祭灶」，準備甜食，用紙馬送灶君回天庭跟玉皇大帝說好話。

想辭職的灶神

相傳灶君本爲天庭御廚，因爲好色、懶惰被玉皇大帝貶下凡間，才屈居灶室。

一九二七年二月二十一日，《臺灣日日新報》中有一篇〈灶神辭職文〉，提到了灶君嘴上裏著一層糖霜，在玉皇大帝面前流淚辭官的故事。文中趣味的描寫灶君想辭職的理由：「終日坐在灶腳，臉被燻黑，毀我風流模樣」、「沒有車，也沒有倉庫……人們獻納極少」、「……用糯米製糖堵臣之嘴，以酒塗臣之居，害我昏醉，無法狀告壞事。」等等悲慘諸事，道出灶君的厭世心情，而萌生辭官之意。

俗諺語

灶君公　三日上一擺天

◎灶君每三天就上天庭，向玉帝報告這家人的所作所爲。比喻神明隨時在察看你，不要做不好的事情。

灶神
敬送灶君上青天
牡馬草料飴糖宴
一路順風進好言
善

燈鉤神（燈猴）

——器物崇拜

傳說地點

全臺

有關「燈鉤」，有說是竹製的燈架，架上有燈芯能燃油點光。在清代的《彰化縣志》中有提到在除夕燒竹燈鉤，在灰末尚未燃盡之前，將灰末分成十二堆，表示十二個月份，觀察灰末的明暗來占卜來年的氣候。而《民俗臺灣》也提到了占卜，還說到燈猴會化成精怪作祟。

一九三六年出版的《臺灣民間文學集》，其中一篇〈過年緣起〉將臺灣人的年俗與「作祟的燈猴」做了結合。故事是這樣的：每年一到了「冬節」，家家戶戶搓起了糰子（跟湯圓相似），但人們沒有將給糰子分給滿身是油又骯髒的燈猴享用，燈猴氣得到玉皇大帝面前告狀，玉帝覺得人類知恩不報，決定在十二月三十日的夜深時讓臺灣島沉地，懲罰臺灣人。於是民眾有了共赴黃泉的決心，備食祭祀，跟祖先、諸神告別，與家人共進最後的晚餐。當時第一位知情且幫助臺灣人的神明是家神——灶君（亦有人說是土地公），由祂請觀世音菩薩出面，跟玉皇大帝求情後，整個事件才安然落幕。

而不知情的民眾在除夕的隔天發現臺灣島並未沉沒，所有家人都安然無事，紛紛外出互道「新年恭喜」，慶祝重生。

而該文文末還說：「燈猴歷久會變成妖怪害人，爲預防牠再惹禍患，每年都要把牠燒掉一次才行！」

爐公

——器物崇拜

傳說地點

拜爐公此習俗可能集中於客家人聚落。新北十分、臺中東勢、橋南、南屯、高雄鳳山都有鑄鐵匠師。

相傳爐公是中國傳說中，三皇時代的「胡靖」，因奉女媧娘娘之命，研究煉鐵的方法，發明了爐火，被後人敬奉為「爐公先師」，又簡稱為「爐公」。

另一說是指關羽尚未成為蜀國大將之前，以打鐵為業；因此，如鑄造鐵器、煉銅、煉鋼產業者，有拜「關公」做爐公的說法。

而先民之中，有一批清朝時由福建移民來臺灣的鐵匠們，在臺灣落地生根。在拓墾為求生存便利的情況下，這群鐵匠與火爐相互依存，有說他們會在火爐上方或一側，設置香案來供奉爐公，以求庇護其工作平安順利。

簡榮聰先生《臺灣民間器物崇拜》的資料指出：「在臺中縣的東勢鎮，民家的打鐵匠都在火爐上，用紅紙黑字書寫『爐公神位』四個字，平常就直接對爐具參拜，說明臺灣民間的打鐵行業是直接以爐具作為爐神。」

籃仔姑

——器物崇拜

傳說地點

彰化鹿港一帶

古早時期，每到了中秋時節，當團圓用餐過後，不少大人小孩會聚在一起，體驗特殊的神靈遊戲，以祝禱詞來喚引「籃仔姑」現身，參與者就能透過數字與神靈溝通。

這個中秋限定活動曾在鹿港地區流傳，遊戲需要準備一竹製提籃，籃子內還需擺放女妝物品、水果，準備一件小女孩的衣服、手帕，綁束成小女孩的樣子，放在上頭。參與者須爲女性，每回兩人，以雙手扶著提籃，請一位女性點香後，到附近的豬圈迎請籃仔姑；此時一旁圍觀的女孩們，就要齊聲口念歌謠，此時就等著籃仔姑上身。

如果期間沒有犯忌，神奇的事就會發生，兩位扶著籃子的女孩身體會不自主地隨著籃子搖晃，表示籃仔姑上身；此時圍觀的人們就可以開始提問，只要是數字能回答的問題，都會有回應。如果不玩了，只要叫念扶著竹籃女孩的本名，籃仔姑就離開，人醒了，遊戲就結束了。

據說「籃仔姑」是一位與哥哥相依爲命的小女孩，在哥哥結婚後，遭嫂嫂百般刁難，還讓她睡在養豬的豬圈，欺凌致死。也因爲如此，通常需要有豬圈之地才能做此遊戲，看來都會地區是不太可能看到了！

掃帚神

——器物崇拜

傳說地點

彰化鹿港一帶

參與籃仔姑的是女孩子，男孩子則是將召喚掃帚神作爲中秋時節的遊戲。

在儀式進行過程中，掃帚上須插著香，男孩們會圍在一起，頭靠著掃帚把頭的遊戲者。圍觀的人要拿著香，一起念著：「掃帚神，圓縺縺，招你山頂挽樹藤，樹藤變掃帚，掃帚眞有神。」當掃帚神上身時，手扶掃帚的男孩會開始搖晃身體，便會不自主的隨著掃帚移動。掃帚會跟著持香的人，因此，有的持香者會戲弄被上身的人，讓他走入水坑。

要結束遊戲的話，可將香從掃帚上抽走，就能結束這個掃帚神的活動。

關鍵字

棟榔掃帚

◎南鯤鯓五王大戰囝仔公的地點據說是風水極佳的寶地——棟榔山。棟榔山種滿棟榔樹，臺灣人會摘剪此樹的樹葉，曬乾後以繁複的工序製成掃帚，俗稱「天地掃」。民俗中，天地掃能避邪、清霉運，用於新居落成、開廟門、作醮、改運等，依場合有不同的使用方式。

子孫桶

——器物崇拜

傳說地點

古早時新娘的陪嫁禮，全臺各地。

「子孫桶」是臺灣傳統禮俗中，女性陪嫁的嫁妝。在古代，子孫桶是指馬桶，是女子大小號與生育用的器具；後來嫁娶習俗中，子孫桶要連同腳桶、面盆綁成一擔，由「全福人」肩擔著，走在迎娶隊伍的尾端，稱作「尾擔」。

新人入新房時，子孫桶會被放置在高處或櫃子上，隨侍媒婆或家人會說著：「子孫桶，扛高高，生子生孫中狀元！」但生活現代化之後，這些繁瑣的禮俗都少見了，變成了婚嫁中象徵性的物件，子孫桶變成塑膠製品，傳統的木桶逐漸消失。

如追溯子孫桶的崇拜，可能與坑三娘娘有關。坑三娘娘在《封神演義》中稱作三霄娘娘，三人有持一神器，稱作「混元金斗」，曾擒下二郎神，而更神通的是，凡一應仙、凡、人、聖、諸侯、天子、貴、賤、賢、愚，落地必先從金斗轉劫，不得超越。不論聖凡，出生落地都得由此清洗身體。「混元金斗」即人間之淨桶，凡人之生育，俱從此化生也。

《封神演義》中還特別指出，坑三娘娘身負為落地嬰兒化生的神職，後人將混元金斗與子孫桶聯想在一起，而坑三娘娘現也成為了保護孕婦和兒童的女神。

鐵嘴將軍

——器物崇拜

傳說地點

嘉義縣東石鄉福靈宮。除了福靈宮，相傳鄭成功於新北市蘆洲區九穹公廟附近留下的一座鐵炮，同稱「鐵嘴將軍」。

根據臺灣人力銀行（yes123）調查統計，上班族認爲對事業最有幫助的神明是關聖帝君，其次爲媽祖與土地公。或許很少人會知道，嘉義縣東石鄉**福靈宮供奉一門鐵炮**，受到不少上班族青睞，相信對著祂祈念，課業、事業能隨炮彈高飛！

這座鐵炮稱作「鐵嘴將軍」，該鐵炮也成爲地方械鬥史的要角之一。在清代同治年間，雲林四湖鄉的蔡厝庄村民被海埔庄人擄走，請東石鰲鼓庄及三塊厝幫忙尋人，後來人救出來了，反倒讓三塊厝跟海埔庄結下怨仇，械鬥了數十年。布袋港大海盜蔡牽贈送一門鐵炮給予鰲鼓庄友人，鰲鼓庄本跟三塊厝交誼不錯，將此門鐵炮贈與三塊厝，械鬥的工具由刀棍晉升成鐵炮。但鐵炮攻擊可會死人，東石鄉福靈宮觀音佛祖知道了，便要求「攻擊時炮口需離地七寸，且定時開炮。」三塊厝庄民發炮，炮彈炸到了海埔庄的大樹，沒有牽連任何百姓，嚇壞了海埔庄的村民，趕緊前去與三塊厝議和。此鐵炮功鉅，後來日本人來臺，因戰事徵收物資，怕鐵炮充公，便將它埋入田裡。

一直到民國七十三年，福靈宮重建之時，觀音佛祖爲感念鐵炮對促進兩村和諧有功，指示要將鐵炮迎回宮內，成爲其右將。

註：「炮」（ㄆㄠˋ）同「砲」，因福靈宮特別指出此座鐵炮爲火力強大之武器，廟方慣稱「炮」。

十月

感天大帝

神明別名

許天師、閭山法主

神明日子

生日－農曆十月二十五日

高明醫製救飢丸
貧苦飢民渡難關
燎原旱象撲桃園
信衆求雨驟三暝

伏蛟龍的高手

感天大帝本名許遜，是晉朝著名的道士，因孝廉被任命縣令一職。在後晉亂世之期，許遜棄官，遊走於江西一帶，見蛟龍作亂致洪水氾濫，以鐵柱拴鎮蛟龍，領郡民疏洪，深受民眾愛戴。根據李豐楙先生的《宋朝水神許遜傳說之研究》推測：作亂的蛟龍可能是長江中下游的揚子江鱷，原因是鱷魚喜歡棲息在近水沙地挖掘洞穴，每當洪水期來臨，長江支流與洞穴相通會造成洪水氾濫，因而逐步演變成蛟龍傳說。亦有相傳，許遜會帶著自製的藥丸行醫濟世，種種除害救世的事蹟成為眾人崇仰的神祇。一八八三年，感天大帝自漳州分靈來臺，在桃園仁壽宮落腳，與水脫離不了關係的祂，在祈求降雨這部分非常靈驗。

閭山派的祖師爺

在《西遊記》中，許遜是玉皇大帝身旁的四護法之一，看不慣遊手好閒的孫悟空，便遊說玉帝派職，讓有名無實的齊天大聖前去鎮守蟠桃園，間接的讓孫悟空大鬧天宮。許遜是閭山派的祖師爺，除了鐵柱鎮蛟之外，亦有植竹於湖邊，伏蛟於湖的故事流傳；因此，閭山道壇上可以看見竹製的幡旗、招魂竹，以植竹之法驅瘟疫、鎮邪妖，竹子便成為許遜道法中的特色之一。閭山派又稱做「法教」，雖源自中國，但在臺灣自成系統。其神職人員統稱法師，又分紅頭法師與黑頭法師，民間有「紅頭度生、黑頭度死」的說法。

關鍵字

養生藥籤

◎桃園仁壽宮內有年歲百年的藥籤，是宮內特色之一。藥籤是以籤詩寫成，並非真的處方籤。據《聯合報》報導指出，信眾是可以帶著這一張藥籤到當地的中藥鋪配藥，部分藥鋪還留有祖傳的藥譜，上面會記載何種籤詩要配什麼中藥，不過配出的不是藥品，而是「養生藥材」。

感天大帝

為明醫製救飢丸
負芋飢民渡難關
燎原旱象撲桃園
信眾求雨驟三暝

溫王爺

神明別名

溫府千歲

神明日子

生日－農曆十一月一日

海上漂　進士搖
浪濤催命喝
貞觀嘆　王船命
百姓低頭祭
溫字刻　神木漂
顯靈東港聚
復三年　喜迎王
送瘟祈歲祥

神木王爺

俗話說：「北部迎城隍，中部巡媽祖，南部瘋迎王」，是臺灣民間最著名的民俗活動。南部的「迎王」每三年一次，其中「送王遊天河」，俗稱的「燒王船」，是迎王祭典尾聲的活動，熱鬧非凡！每回都吸引大批信眾、遊客進駐屏東東港，把小鎮擠得水泄不通。東港溫王爺故事頗多，傳說令人嘖嘖稱奇。

溫王爺，名鴻，出身於北朝，山東人。相傳溫王爺因爲捨身搭救唐太宗李世民，與同行救駕者共三十六人，一同被賜封爲進士。而在某日，三十六進士奉旨巡行天下，乘船出巡時，不幸在海上遇難，三十六人歸西時，有仙樂在海上飄奏，世人認爲溫鴻解脫凡俗之身成神，貞觀皇帝追封爲「代天巡狩」，頒旨建廟奉祀，並下旨建立巨船，名爲「溫王船」。

溫王爺成神之後，經常在閩、浙沿海地區顯靈，每當船隻在海上遇上危難時，若見「溫」字旗的巨船出現，立即會風平浪靜，平安而歸。

而臺灣的溫王爺信仰與立廟之說，全來自一批海漂而來的木材。西元一七〇六年，在東港鎮西南的鎮海里附近（當地人稱做太監府），某夜自外海漂來大批福建木材，擱淺在海灘上。木頭上刻有「東港溫記」字樣，當地居民認爲這是王爺顯靈，指示要在太監府舊址建廟，而微妙的是擱淺於沙灘上的木頭大小不一，卻能利用得宜，搭建廟宇，成爲東隆宮廟宇的前身。

溫王爺

海上漂進士提
浪濤催命咆
帝觀嘆王船命
百姓低頭祭
溫字刻神木漂
顯靈東港聚
復三年喜迎王
送瘟祈歲祥

在一八九四年的某日，太監府發生了海嘯，許多居民先行避難，東港狂風浪濤。地方的居民察覺溫王爺深陷海嘯之難，划竹筏前往拯救，救出王爺的那一剎那，原來搭建的小廟坍崩，瞬間瓦解……這批救駕的民衆化險爲夷，更加篤信王爺的神威。而後溫王爺擇時選地於「浮水蓮花穴」，重建了「東隆宮」。

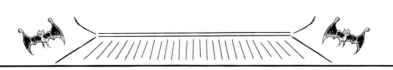

東港沿海本地勢低窪，排水不良，每遇颱風就會淹水，東隆宮現址離海岸邊很近，可能眞是風水好的緣故，每逢颱風海水倒灌或山洪急洩期，東隆宮絲毫未受影響。

大改改運小改除邪祟

責杖改運是東隆宮非常特殊的祭改服務，過往很多人選擇在春節期間前往，現在則是平日都能看到信衆在廟門入口接受責杖祭改。

該儀式是由戴著紅黑帽班頭進行，有「大改」與「小改」的儀式。如果運勢非常不好，可以請求王爺責杖來做「大改」，至於要挨幾下，得擲筊來決定。這樣「大改」民俗活動，是男女有別的，男生杖打屁股，每打一板代表十下，成人都是從一百下起跳，每擲筊一次，增加二十下，女生則是打手心。

廟方也提供「小改」服務，在香爐淨身之後，由班頭手持令旗，在信衆耳後、頭上比劃十八下，代表布下三十六天罡、七十二地煞，爲信衆袪除邪祟保平安。

至於班頭頭上的黑帽與紅帽所代表的意思似乎是非常的神祕，筆者曾到東隆宮詢問此事，班頭說：「此乃王爺祕密。」由於班頭是世襲制，還是有不與外人道述的祕密，班頭在祭典時還需要負責許多工作，是相當辛苦的。

俗諺語

入門是王爺，出門是乞食

◎回家對妻小頤指氣使，把自己當王爺；出門在外卻慘澹過活，像乞丐般一樣。

關鍵字

採船

◎相傳臺南安平的弘濟宮，有一同姓的溫府千歲時常顯蹟，有「採船」故事流傳。老一輩的人會認爲生病是「煞到」，能透過民俗的儀式來化解。如果有男丁、壯丁生病，情況危急到有生命危險時，會被認定可能遇上了「採船」。因爲王船需要幫手，所以船上的鬼神會將虛弱的人「採」上船，如溫府千歲、邢府千歲，都曾有上船救人的傳說。

十一月

紅旗公

神明別名

聖義元帥

神明日子

得道日－農曆十一月十九日

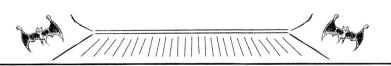

阿乖紅旗插
倚官白旗戰
對峙旗反亂
亡歸廟光芒
鄰農蟲鳥散
盜竊物歸還

持火銃的神明

根據廟方沿革誌指出，紅旗公原是清代光緒年間雲林縣衙捕頭，姓蘇名阿乖，因奉命剿匪，與土寇雙持火銃對峙，戰況慘烈，終以寡不敵眾，蘇捕頭及所率領部隊共三十六人全部殉難。

地方庄眾感念其英勇行徑，集眾義士合葬於廟後樹下。每至午夜，埋屍骨的地方時常冒出火光，宛若紅旗飄揚，此一現象持續了好幾年。於是村民刻立石碑「紅旗公祿香位」膜拜，以求庇佑。

紅旗公神像極爲特別，據聖義廟石姓主委指出：「神像雕塑於民國三十八年，是透過乩童指示雕刻金身，因爲當年剿匪就以火銃爲武器，因此神尊身披戰甲，手持火銃。」而我詮釋描繪時，添畫了警車，原來的神像金身是站立的姿態。

據地方媒體報導指出，「紅旗公」在竹山警界非常有名，如有警察無法偵破的竊盜案時，會來拜請紅旗公幫忙，據說是相當靈驗的。地方村民也說，只要有牲畜走丟或農具被偷，來跟紅旗公祈念，幾乎都能尋回。義聖廟的解說員張小姐說：「紅旗公不僅會幫忙找車，還幫忙尋人，曾有來自日本與泰國的民眾，來求紅旗公幫忙找兒子和失蹤親人。」

而在南投竹山主祀紅旗公的「聖義元帥廟」內有一布告欄，貼滿了失竊汽車、機車的照片。照片中的車主

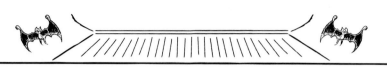

不是已經尋回車子，就是還在等著廟裡的紅旗公顯靈，幫忙尋回愛車。

紅旗公的真實身分

據臺灣文獻會的林文龍先生考據，紅旗公應是「張」阿乖，而非「蘇」阿乖，是民變領袖戴萬生的部將。由於戴萬生反清，被官方視爲亂賊；而支持清朝之義民，如彰化舉人陳肇星，他招募義民效忠清朝，揚白旗做識別。戴萬生所領導的八卦會黨員們，則使用紅旗做識別，紅白旗壁壘分明的對峙局面，稱作「紅白旗反」。

丁日健撰《治臺必告錄》這一本清官史料記載：「漏逆張阿乖竄至東勢坑搶擄，帶勇會捕，格斃逆首張阿乖，獲匪黨二十餘名……。」而後由同籍人（漳州人）拾骨埋葬，立小祠後建廟。由此可知，張阿乖是一位被視作逆賊的孤魂信仰，是同鄉人不捨枯骨曝屍荒野，立小祠給予孤魂尊嚴。

紅旗公本屬於有應公的孤魂信仰，而後轉變成神祇崇拜，跟祂死後護佑居民的傳說有關係。如竹山鎮相天宮的乩童起乩時，紅旗公借用乩身顯靈，爲民眾醫病、濟世；又有農民作物常遭蟲鳥啄食、作物歉收，祈念後，都能如願。

一九四七年的二二八事件中，竹山有一位曾姓居民遭逮捕拘禁，家屬們爲求家人平安歸來，向紅旗公祈念得願。有學者認爲，紅旗公這種具有消災祈福的能力，已脫離了「孤魂厲鬼」的性質，轉變成地方崇拜的神祇。

關鍵字

警察廟

◎在屏東縣潮州分局內有一間「警察廟」，裡頭供奉五尊神明，這群落難神明原本是被人棄置在箱子中，有一農民將祂們帶到潮州分局，由於無人認領，神像被安置在警局當中。員警按傳統禮俗上香拜神，有求必應，冥冥中協助警方破了不少案件。警局員警爲了答謝神明，還幫神明添加警備裝置，牆上貼警備武器和偵防車的照片，甚至還附上了加油卡！神明們還會以輪班的方式値守，警、神合作可是相當緊密。

紅旗公

阿亦紅旗插
倚官白旗擎
對峙旗反亂
之歸朝光芒
鄉農亂兵散
盜竊紛歸還

十二月

氤氳使者

神明別名

氤氳大使

神明日子

生日－農曆十二月四日

天地氤氳物化生
入人夢　媒妁緣
妖狐蠱惑狼夫暈
使者怒　杖入夢

讓小三斷、捨、離的神明

除了城隍夫人，有另一尊也是專剋小三的神明，名爲「氤氳使者」。「氤氳」二字本是形容氣體融合，雲霧縹緲之意。在後漢有一本描繪兩性、夫婦關係的書籍《白虎通・嫁娶》提到：「天地氤氳，萬物化淳。男女稱精，萬物化生。」意指男女交合如天地融合。北宋的《清異錄》書裡定義了管理男女陰陽關係的長官名爲「氤氳大使」，此後的言情小說家將氤氳角色大放異彩。小說中，氤氳大使會在人的夢中現身，將想媒妁之人的魂魄拉入另一人夢中，藉以幫人牽紅線。這也透露出古早時的婚姻多是媒妁之緣，一切由父母作主。

氤氳大使起初不是以斷小三聞名的，祂的職責跟月老相似，以媒妁姻緣爲主。在臺灣，最早的氤氳使者崇拜，來自臺中慈德慈惠堂信徒的親身遭遇。一位女信徒發現她的先生在對岸私交小三，難過之餘只能到廟中跟月老禱念夫妻之事，藉以平撫心緒。某日，先生回臺後，竟自動坦承結交小三之事，還不斷道歉……，事後先生坦言某夜夢見一黑白臉男子持棍棒打他，醒後久久無法動彈……。幾天後，女信徒夢到月老，在祂身後站著一位身穿警察制服的黑白臉男子，並手持木棍，女信徒見狀恍然大悟。後來女信徒與先生重修舊好，爲表感恩，請人打造氤氳使者神像捐獻給廟方。

此尊「氤氳使者」神像樣貌，手抓猴、腳踩猴，背著一把大剪刀，上頭寫著「剪斷煽情爛桃花」、「鞭打劈腿猴小三」，身著警衣、警帽，不怒而威，看了都退避三分。

關鍵字

做烏龜

◎古人認爲烏龜無法交配，只好放任雌龜與蛇交配，產下後代。烏龜跨物種雜交，就好比有夫之婦偷男人。因而閩南人把妻子與他人通姦者稱爲「龜」，「做烏龜」就是「戴綠帽」的意思。明代學者郎瑛研究，在春秋時期，若有男子的妻子，是從事性工作者，男子就得戴上綠色的帽子。直到清朝之後，穿鑿附會之下，「戴綠帽」就演變成比喻男子的妻子紅杏出牆之意。

氤氳使者
天地氤氳物化生
入人夢媒
好緣
妙狐蠱惑狼夫輩
使者怒杖入夢
小三退散

後記

自二〇一二年投入臺灣妖怪創作工作至今已有七年，在遊藝圖畫世界的過程中，我不再單純沉浸於畫圖裡，反而投入更多時間於資料蒐集，藉以拓寬自己的視野，期許自己的繪畫作品能在技巧之外，營造出更有故事性的畫面；因此，藉著投入新的題目，改變繪畫的習慣，來鍛鍊學習。在此動能的驅使下，走進了臺灣神明世界，動機與宗教信仰無關，純然爲了神明的故事而畫圖，爲創作找尋新的可能性。

《寶島搜神》一書，參考了鈴木清一郎的《臺灣舊慣習俗信仰》，延續書中第三編——歲時與祀典的做法，依歲時排序臺灣神明的好日子（神明聖誕、祭祀日）。而書中所收錄的故事內容，就不侷限特定範疇，以神話、傳說、民俗趣聞爲重心，並挖掘神明與臺灣社會連結產生的歷史、俗諺語。爲了讓焦點放在我所詮釋的神明繪畫上，文字以短篇的形式呈現，讓讀者遊走在圖、文之間，不只能認識神明，也放大了想像空間；爲保留圖與文可對應的結構，篇幅有限下，內容實難面面俱到，如想更深入瞭解故事脈絡的讀者，可閱讀本書羅列的參考資料。

《寶島搜神》所收錄的神明，除佛教、道教信仰中知名的神祇，亦有在地方具威信的神祇，也納入少見的動物神獸與器物崇拜的故事，共整理出一〇八篇故事，可分作三類：

一、眾神本事

每位神明身懷絕技，神職更是五花八門。神農嘗百草爲何安然無恙，其中的秘密？專門尋找失竊汽機車的神明？廖添丁成神前究竟是大盜還雞泥棒？關聖帝君的神職之一是鴉片戒煙？天蓬元帥是穿著黃金聖衣的美男子？……。

二、神威伏妖

神明絕不缺席的伏妖、顯靈故事。如：黑狗精狠咬糖廠媽的故事、澎湖貓妖竄殿、感天大帝伏蛟龍故事、恆春女魔頭傳說與地方三怪、法主公與五通妖、月老身後有專斷小三的氤氳使者、八七水災的觀世音聖像……。

三、仙佛萬象

神明冷知識報給你知。彌勒佛是大胖子嗎？成佛的相貌中，長舌是基本條件？火德星君原本是一塊人形煤礦？點龍睛醫虎喉是哪位神明？能讓神明託夢的「祈夢」室在哪？達摩祖師與北港六呎四有關連？在臺南安平有「採船」的傳說，當地的長輩相信，人會生病是因爲被鬼神找上船做事，遇上這樣的事情，該怎麼辦呢？……。

本書所繪畫的神明，主要是從故事的情節去揣摩描繪，不同於廟宇裡神像莊嚴的形象，我更想將每一尊神明的個性表現出來，凸顯祂們的人情味，藉此拉近人與神的距離。在繪畫的表現上，有別於以往的妖怪作品，給了自己全新的挑戰：

一、重繪神明的形象

我們對於神明樣貌的印象，多來自神明繪像或廟宇中的神像，會由繪師或神像雕刻師父完成。爲神明服務的匠師之中，多數是師徒制，延續傳統技法而孕育作品；我沒有承襲傳統技藝的機緣，僅能在當下找尋合適於主題的創作表現，我的神明畫法是一種「感受性對照關係」，不只是神明個性與性情的描繪，從局部的神明相貌、身形與手持法器的帶入，故事關鍵元素的運用，抑或打破形體的作法，甚至是幻想式的表現，可說是邊看邊學，邊畫邊思考。

舉例來說：頭城貓妖的故事，貓妖行蹤不定，四處散播瘟疫還入乩身要求村民建廟，不把神明放在眼裡的行徑，讓我聯想到布袋戲的角色「黑白郎君」，同樣是目中無人，出場就給人領便當……。將鴨霸的貓妖畫成「黑白貓君」，我覺得十分合適也具聯想趣味！而幻想式的詮釋還有三山國王。三山國王本是對自然山神的崇拜，於是我將祂轉繪成如三座山合體的神像，嘗試呈現最原始的狀態。

當鉛筆稿進行的同時，畫面結構有了一神一配角的想法產生，挑出神明故事中具代表性的元素來入畫。例如：濟公神明，手握毛筆取代濟公扇，衣上的補丁換上愛國獎券；池頭夫人神明，畫面下方是漳州與泉州人械鬥的憤怒之火，火光之上，是種族仇恨中犧牲的亡靈，也就是池頭夫人。這本書中每一尊神明畫作都有故事線索可尋，能讓您慢慢賞析；也可觀察我怎麼在神明的眉宇之間、口鼻之間、臉型與身形中找出特性，您也能對照廟宇裡神像的樣子，感受看看，是否真有其形韻？

二、書寫神明的專屬字體

每尊神明的性格不盡相同，似乎無法以系統性、單一字型來呈現，於是在神明繪像完成幾張後，當下就有了「題字造神韻」的想法。因此，我運用圭筆、中／大楷毛筆、尼龍／貂毛水彩筆來書寫，以更開放的技巧，嘗試了不同筆鋒、走筆速度、各式筆型與非正統的筆類，書寫出符合神明性格的字體，藉由宣紙與毛筆線條來保留傳統的風韻。與其說寫字不如說畫字呢！大家可以順著筆法揣想看看，我當下呈現的感受是什麼？

《寶島搜神》是個人喜好集結而成的創作雜記，我想將此書獻給喜愛美術圖像和傳說故事的朋友們，透過插畫家身份的觀點，入門臺灣神明世界。謝謝曾經幫助本書並給予建議的朋友、老師，幫我釋放肩上的壓力。在未來，期待有新的創作靈感、動能，讓我能繼續畫圖，串接這世界人與人的緣分。

將軍廟的前世今生(下)/臺北地方異聞 ●十月廿二來艋舺 青山王遶境囉！/【民俗亂彈】謝宗榮 ●東港東隆宮溫王爺傳說及其信仰活動/吳蕙帆 ●宋朝水神許遜之研究/李豐楙 ●敷化宇內：清代以來關帝善書及其信仰的傳播/游子安 ●潟湖、歷史記憶與王爺崇拜：以清代南鯤鯓王信仰的擴散爲例/林玉茹 ●天蓬元帥考證/李遠國、王家祐 ●被神化的異僧 ——從《濟公全傳》分析濟公形象及其背後意蘊/黃允婷 ●濟公形象之完成及其社會意義/周純一 ●濟公故事綜合研究/張忠良 ●九天玄女之職能演變新探討/桑美玲 ●九天玄女研究初探/何怡儒 ●臺灣慚愧祖師神格論/林翠鳳 ●慚愧祖師生卒年、名號與本籍考論/張志相 ●從開山防蕃到保境安民：南投縣慚愧祖師信仰研究/謝佳玲 ●解讀日治時期的戶口名簿/陳柏棕 ●廖添丁傳說的演化之研究/施炳華 ●雷與雷神神話研究/方冠臻 ●台灣民族英雄林爽文大革命(一七八六年)/郭弘斌 ●荷據時期臺灣牛隻的引進與飼育/楊龢之 ●火神傳說/內政部消防署消防月刊 101 年 2 月號 ●恆春 傳說/台灣綜合研究院劉啓瑞 ●荷蘭公主上了岸？一段傳說、歷史與記憶的交錯歷程/石文誠 ●花蓮聖地慈惠堂信仰與傳說研究/林新雨 ●從面目猙獰到雍容華貴——西王母「美的歷程」試探/彭榮鋒 ●凶神或吉神：論安太歲的類型與形成因素/當代中國哲學學報 張家麟 ●花蓮勝安宮王母信仰之研究/詹謦宜 ●南瀛佛教第十三卷第十一號 ●達摩造像與禪意之研究/黃明慧 ●達摩事蹟與達摩圖像/陳清香 ●菩提達摩生平研究/屆大成 ●達摩《易筋經》論考/普門學報第五期 龔鵬程 ●佛教的養生功法噢達摩「易筋經」/佛學與科學 呂萬安 ●臺灣民間器物崇拜/簡榮聰 ●台灣的無祀孤魂信仰新論 —以竹山地區祠廟爲中心的探討/逢甲人文社會學報 王志宇 ●王爺的角力戰—臺南安平「採船」傳說研究/林培雅 ●荷蘭時期台灣牛隻的引進與飼養/楊龢之

新聞

●《蘭陽博物第 84 期》海之層，龜蛇把海口/蘭陽博物館 ●民變與械鬥的俗語/蘭陽資訊網新聞 ●新春拜廟走春 初六三峽神豬祭逗鬧熱/中央社記者 王鴻國 (2018) ●關聖帝君鬍子變長了/自由時報記者 邱紹雯 (2010) ●花蓮仁壽宮 靈蛇除病痛/自由時報記者 花孟璟 (2013) ●哪一天生日？三山國王聖誕鬧雙胞/TVBS 苗栗報導 (2008) ●《恆春慶元宵》保力村拜新丁 留存客家禮/自由時報記者 蔡宗憲 (2010) ●寒單爺換人！台東徵到 10 名好漢/TVBS 記者 劉錦源 (2006) ●跟著白沙屯媽祖 來趟 11 天的神奇之旅/聯合報 胡蓬生 張弘昌 報導 ●鹿港魯班公宴巧聖先師祀典 文化部長 鄭麗君 主祭/民報記者陳婉眞 ●桃園「千塘之鄉」 齊柏林曾說：「好像水晶在發光」/聯合報記者 張裕珍 ●習俗百科/妖魔鬼怪下油炸！神明出巡備油鍋？/今日新聞 ●全台第一家？這廟宇貼出週休二日公告/自由時報記者王捷 ●守護動物 十九公廟寵物平安燈啓用/記者王善嬿 ●超強尋人廟 義犬公「聞衣擲筊」指方向/中天新聞 ●刑警衣配手銬 偵查虎爺神氣活現/記者楊金城 ●有了飛天虎…四結福德廟如虎添翼/記者江志雄 ●火王爺祭/山車拉行 妖怪踩街 high 翻關子嶺/記者廖苡安 ●百年習俗爲防

參考資料

參考書目

●《臺灣舊慣習俗信仰》鈴木清一郎 著 高賢治 馮作民 編譯 ●《被誤解的臺灣史》駱芬美 著 ●《圖解台灣傳統宗教文化》謝宗榮 著 ●《聽！台灣廟宇說故事》郭喜斌 著 ●《媽祖信仰研究》蔡相煇 著 ●《道教諸神背後的眞實故事》彭友智 著 ●《臺灣史上最有梗的臺灣史》藏書界竹野內豐 黃震南 著 ●《我們拜的神，是怎麼來的》馬書田 著 ●《台灣俗語話講古》陳華民 著 ●《台灣的虎爺信仰》高佩英 著 ●《臺閩文化概論》施懿琳 等著 ●《一本就懂台灣神明》陳虹因 著 ●《飛天紙馬｜金銀紙圖繪的民俗故事與信仰》楊偵琴 著

網站

●民俗亂彈 ●文化資源地理資訊系統 ●臺灣宗教文化資產 ●全國宗教資訊網 ●台灣大百科全書 ●維基 ●保庇 Now ●道教學素資訊網 ●教育部台灣閩南語常用詞辭典 ●客家文化發展中心 ●鏡週刊 ●風傳媒 ●欣傳媒 ●新頭殼 ●蘋果新聞 ●自由時報 ●中國時報 ●聯合新聞 ●公視 ●三立新聞 ●今日新聞 ●公民新聞 ●台灣好新聞 ●The News Lens 關鍵評論 ●台北城市散步 ●滬尾文史工作室 ●臺北地方異聞工作室 ●澎湖知識服務平台 ●莊永明書坊 ●廟宇文化工作室 ●漫步台北 ●故事 ●知史 ●漫遊藝術史 ●林邊故事鄉 ●客家委員會客家文化發展中心 ●旅飯 ●慈濟全球社區網 ●雲林布袋戲館 ●國史館臺灣文獻館 臺灣閩南語常用詞辭典 ●PTT 批踢踢實業坊 ●KKnews

宮廟

●北部 / 臺北市大龍峒保安宮 臺北市大稻埕霞海城隍廟 臺北市木柵指南宮 新北市新店區三山國王廟 新北市中和區霹靂宮 新北市法鼓山 新北市三峽祖師廟 桃園市蘆竹區五福宮 桃園市中壢區月老宮 桃園市龜山區壽山巖觀音寺 新竹縣新埔鎮義民廟 ●東部 / 宜蘭縣頭城鎮草嶺慶雲宮 宜蘭縣礁溪鄉協天廟 花蓮縣光復鄉仁壽宮 ●中部 / 雲林縣西台慈惠堂 臺中市文昌公廟 臺中市西屯區慈德慈惠堂 彰化縣鹿港鎮龍山寺 雲林縣北港鎮武德宮 ●南部 / 臺南市中西區永華宮 臺南市風神廟 臺南市臺灣府城隍廟 臺南市南鯤鯓代天府 臺南下營北極殿玄天上帝廟 臺南縣學甲慈濟宮 高雄市三鳳宮 屏東縣東港東隆宮

研究 / 期刊

●南崁五福宮的歷史研究 /《臺北文獻》卓克華 ●臺灣媽祖傳說及其本土化現象 /《靜宜人文學報》 林茂賢 ●清水祖師信仰探索 /《圓光佛學學報》林國平 ●台灣月老信仰之研究 / 邱千芬 ●臺灣地區歷史地震文獻資料庫 / 地方版資料 ●鹿港龍山寺抱鼓石簡介 / 鹿港解說員粘清課 ●龍爺與馬爺 /《艋舺龍山寺季刊 021 期》林家鵬 ●客家敬字亭文化與運作—以新竹縣新豐扶雲社爲例 / 謝乾桶 ●閭山法主在台之信仰研究 /《空大人文學報第 23 期》蕭友信 ●桃園縣「觀音鄉」地名沿革及傳說研究 /《南亞學報第 29 期》陳佳穗 ●騎龍觀音 /《艋舺龍山寺季刊 032 期》陳郁茹 ●元宵祈福拜新丁 /《台灣電力公司源雜誌》曾石南 ●東港東隆宮溫王爺傳說及其信仰活動 / 吳蕙帆 ●流轉年華台灣女性檔案百年特展 / 中央研究院臺灣史研究所 ●台灣灶神信仰研究 - 以五指山灶君堂爲例 / 黃雪珠 ●【貓將軍考據篇 I】將軍廟的前世今生 (上)、【貓將軍考據篇 II】

當代名家 · 角斯作品

寶島搜神

書籍製作

作　　者　角斯
審　　校　謝宗榮
叢書主編　黃惠鈴
叢書編輯　葉倩廷
校　　對　吳美滿
整體設計　溫蒂、角斯
編輯主任　陳逸華
總 編 輯　胡金倫
總 經 理　陳芝宇
社　　長　羅國俊
發 行 人　林載爵

出版

聯經出版事業股份有限公司
地　　址　新北市汐止區大同路一段369號1樓
電　　話　（02）86925588轉5312
2020年2月初版

Printed in Taiwan.
文聯彩色製版印刷有限公司印製
行政院新聞局出版事業登記證局版臺業字第0130號
本書如有缺頁，破損，倒裝請寄回臺北聯經書房更換。
聯經網址　www.linkingbooks.com.tw
電子信箱　linking@udngroup.com
ISBN　978-957-08-5454-1（精裝）
定價：新臺幣　600　元

國家圖書館出版品預行編目資料

寶島搜神/角斯著．繪．初版．新北市．聯經．2020年2月．
136面．20.5×25.7公分
ISBN　978-957-08-5454-1（精裝）

1.神祇　2.民間信仰　3.宗教文化　4.台灣

272.097　　108021447